康达文库

CHINESE
SECURITIES
MARKET

证券市场行政监管
与风险防范

康达资本市场争议解决研究中心　编著

Regulation and
Risk Prevention

社会科学文献出版社
SOCIAL SCIENCES ACADEMIC PRESS (CHINA)

作者简介

（按文章顺序排序）

张 力

北京市康达律师事务所高级合伙人。

公司、证券法律业务方向，从业 20 多年，擅长公司并购重组、IPO、投融资、公司法领域争议解决等。个人专著《领读公司法》《律师谈公司治理》，参与主编《IPO 精选案例法律分析与操作指引》《资本市场争议解决：热点问题案例与分析》。

张立环

北京市康达律师事务所律师、合伙人。

2006 年 4 月至 2019 年 10 月就职于康达争议解决部，2019 年 10 月至今就职于康达公司证券部。在商事诉讼及仲裁等争议解决领域具有超过十五年实务经验，擅长处理合同纠纷、侵权纠纷、与公司有关的纠纷、与资本市场和上市公司有关的争议；在游戏动漫、互联网、电子数据、建设工程、信托等业务领域具有丰富经验；为多家上市公司提供法律知识、投资专项、争议解

决专项服务，客户单位包括北京航天自动控制研究院、中建一局、十字星集团、数字认证、科达制造、京城机电、护航科技、乐威医药、厦门港务等。

李夏楠

北京市康达律师事务所律师。

2015年毕业于北京师范大学法学院，获法律硕士学位，并加入北京市康达律师事务所。主要从事证券、公司收购与兼并、企业合规等领域的法律业务。

夏 禹

北京市康达律师事务所律师。

中央民族大学法律硕士（法学），中央电视台《律师来了》栏目主讲人、全国中小企业协会调解中心调解员、无讼学院讲师。专业领域：商事诉讼/仲裁、刑事辩护与代理。在争议解决领域积累了丰富的法律服务经验，擅长处理复杂经济纠纷与经济犯罪，在公司股权架构设计、公司股权和控制权争议、合资/投资纠纷、企业合规审查等领域具有丰富的经验，先后代理了众多重大、疑难、复杂的刑事和商事争议案件，熟悉企业内部运作，了解企业的法律服务需求。在诉讼/仲裁代理活动中，善于透过纷繁复杂的表象抓住事物的本质，能够融会贯通地运用刑事、民商事专业知识和经验解决复杂争议，以客观、谨慎的专业服务维护客户的合法权益。

霍进城

北京市康达律师事务所律师。

2009 年 4 月加入康达律师事务所，现任康达合伙人、康达民商事争议解决业务委员会副主任、康达资本市场争议解决研究中心主任，主要业务领域为：资本市场争议解决、房地产与建设工程。执业十年来，承办了大量最高人民法院、地方高级法院及仲裁机构争议解决案件，并取得了较高胜诉率。

钟 瑜

北京市康达律师事务所律师、合伙人。

执业以来，在资本市场、并购等领域积累了丰富的经验。社会职务：最高人民检察院"民事行政检察专家咨询网"专家、广东省律师协会证券法律专业委员会主任、广东省法学会律师学研究会常务理事、广东省法学会金融法学研究会理事、广州市律师协会理事、广州国际商贸商事调解中心副理事长。

重要荣誉：2020 年、2021 年钱伯斯（Chambers）上榜律师，2017 年度、2018 年度、2020 年度广东省律师协会"优秀委员会主任"，"2016—2019 年度广州市优秀青年律师"，"2012—2016 年度广东省优秀律师"。

王华鹏

北京市康达律师事务所律师、高级合伙人。

2008 年毕业于中国政法大学民商经济法学院，获民商法学硕士学位；2001 年毕业于北京工商大学，获经济法学学士学位。2002 年开始从事律师业务，主要从事证券、公司收购与兼并、经济类纠纷解决等领域的法律业务。

担任康达律师事务所资本市场争议解决研究中心执行主任、北京市律师协会并购重组委员会委员、北京永信至诚科技股份有限公司独立董事、泰州仲裁委员会仲裁员。

蒋广辉

北京市康达律师事务所律师、高级合伙人。

2010 年加入康达律师事务所，主要执业领域为企业改制上市与再融资、上市公司收购与重组、产业整合与并购、私募融资、债券发行、上市公司合规及信息披露等资本市场业务。擅长处理股权争议、合资/投资纠纷、证券虚假陈述纠纷及其他重大疑难商事争议案件。在企业合规审查、重大项目法律风险评估、内幕交易/操纵证券市场、潜在争议处理等方面也具有丰富经验。

邢天昊

北京市康达律师事务所律师、高级合伙人。

毕业于北京大学，2007 年加入北京市康达律师事务所北京总部，擅长刑事辩护、行政诉讼以及重大疑难复杂的刑民交叉诉讼业务。现为诉讼业务五部主任。

乔 瑞

北京市康达律师事务所高级合伙人、深圳分所执行主任，最高人民检察院行政、民事案件专家。

毕业于华东政法大学，主要专业领域：投资纠纷，经济、职务犯罪辩护，企业刑事合规。

曾供职于某省高级人民法院刑事审判庭，具有 16 年专业诉讼律师经验，办理过众多重大疑难商事及刑事案件。擅长处理因投资引发的股权纠纷、公司治理困难、控制权争议以及企业和企业家在经营过程中可能涉及的刑事风险。

侯蓓丽

北京市康达律师事务所律师。

民商事争议解决业务方向，曾在北京市某法院任职，从事民商事审判工作多年，具有丰富的审判经验。目前担任北京市朝阳区律师协会争议解决研究会委员、北京市房地产中介行业协会法律委员会委员、北京多元调解发展促进会调解员、北海仲裁委员会仲裁员等职务。曾在《北京审判》《法院年度案例》等刊物发表多篇学术论文、案例分析等，多次应邀做客《第一时间》《法治进行时》等法制节目，并应邀就房屋买卖、高净值家庭资产保全等进行授课。

陈　静

北京市康达律师事务所律师。

毕业于东北财经大学，具有金融工程专业硕士学位。于 2018 年加入北京市康达律师事务所，具有证券从业资格、期货从业资格、中级会计师、税务师等多项专业技术资格，是中国注册税务师协会个人会员。

张保军

北京市康达律师事务所律师、高级合伙人、管委会委员、刑事业务委员会主任。

毕业于南京大学，获法学硕士学位，北京市律师协会刑事诉讼法专业委员会副主任，中国国际贸易促进委员会/中国国际商会调解中心调解员，中国行为法学会理事。

曾获荣誉：2020年，被香港《商法》（*China Business Law Journal*）评为"100位中国业务优秀律师"（China's Top 100 Lawyers）。

专业领域：刑事辩护与代理、刑事合规/反舞弊调查、商事诉讼/仲裁。擅长经济犯罪与职务犯罪辩护，同时在公司、金融与证券、并购重组、私募股权投资、房地产与建设工程等争议解决领域具有丰富的经验，善于透过纷繁复杂的表象抓住事物的本质，融会贯通地运用刑事、民事专业知识和经验解决复杂争议。先后代理了百余件重大、疑难、复杂的刑事和商事争议案件，并有数起成功的反舞弊调查案例。

直面证券监管执法的新环境与新挑战（代序）

中国政法大学民商经济法学院　张子学

在我国，证券监管主要体现在证监会层面，包括规章与规则制定、行政许可与备案、检查与调查、行政监管措施与行政处罚等四个相互独立又密切关联的组成部分。从更宽广的范畴看，证券监管还包括公安、发展改革、市场监管、商务、财政、税务、科技、工信、国土资源管理等政府部门与央行、银保监会等金融监管机构在特定环节对某些具体事项实施的监管、对地方政府的属地监管、司法机关的审查与支持、行业协会与证券交易场所的自律监管，以及媒体和公众舆论的监督。

广义的证券执法包括三个部分。其一是对证券违法行为的行政处罚（相关法律、行政法规中有 100 余项处罚依据）、刑事犯罪追究（《刑法》中有 13 个相关罪名）与民事赔偿和补偿（《证券法》中有 15 项索赔依据）。其二是对证券违规行为的行政监管措施，它发端于银行业监管，但在证券监管领域得到更广泛的使用，已为新《证券法》所确认。其三是沪深证券交易所、全国中小企业股份转让系统有限责任公司、银行间市场交易商协会与证券业协会、基金业协会以及审计、评估、法律服务等行业协会实施的纪律处分与自律监管措施。

当前，我国证券监管执法的环境已经或者正在发生巨大变化，包括以下几个方面。

一是新的市场环境。经过 30 年的发展，我国公众公司的数量呈几何倍数增长，行业结构、所有制结构、股东与股权结构均发生了巨大变化；多层次资本市场体系进一步完备，证券品种日益丰富与复杂，股票市场"四板叠加"，债券市场"五龙治水"，基金（资管）市场"八驾并驱"，证券衍生品市场也在成长；证券发行、上市、交易、退市等基础性制度更加完善；投资者结构日益优化，金融成熟度不断提高；混业经营的探索正在实质推进，证券经营机构与证券服务机构的抗风险能力、经营能力与服务水平也在不断提升。

二是新的法律环境。《证券法》已经完成大修大改，确认、丰富、强化了行之有效的监管工具与执法手段，整体上大幅加重了证券违法行为的行政法律责任；众多的行政规章、规范性文件与自律规则随之全面修订，配套的《证券公司监督管理条例》《上市公司监督管理条例》等行政法规与司法解释也在修订或者出台过程中。《刑法（修正案十一）》出台，大幅度加大了对欺诈发行股票、债券罪，违规披露、不披露重要信息罪，操纵市场罪，提供虚假证明文件罪与出具证明文件重大失实罪的惩戒力度。《行政处罚法》的全面修订也已完成，在推动行政处罚制度进步、完善行政处罚设定权限、健全行政处罚规则、完善行政处罚程序、防范行政不作为等方面进行了重大修改。此外，《期货法》（草案）已开始公开征求意见，《公司法》的全面修订也在紧锣密鼓进行之中。

三是新的政策环境。全面推行注册制总体安排下的"建制度，零容忍，不干预"，意味着前端准入环节的管制大幅度放宽之后，中后端的监管执法必须跟上。"零容忍"是近两年证券市场的一大热词，也是国务院金融稳定发展委员会专题会议上的高频词。金融委第二十八次会议强调，必须坚决维护投资者利益、严肃市场纪律，对资本市场造假行为"零容忍"；金融委第三十六次会议提出，全面落实对资本市场违法犯罪行为"零容忍"要求，多措并举加强和改进证券执法工作，全力维护资本市场健康稳定和良好生态。2020 年 11

月，中央深改委会议审议通过《关于依法从严打击证券违法活动的若干意见》，首次从中央层面指出依法从严打击证券违法活动，是全面深化资本市场改革的重要制度安排，要求加快健全证券执法司法体制机制，加大对重大违法案件的查处惩治力度，夯实资本市场法治和诚信基础，加强跨境监管执法协作，推动构建良好市场秩序。

四是新的科技与信息交流环境。大数据、云计算、人工智能等现代信息技术与经济社会深度融合，对资本市场产生了深远影响。证券监管要适应信息技术在证券交易、资产管理等方面带来的变革，跟上金融科技的进展步伐，同时利用科技变革的力量完善自身的发展，大力加强对新技术的应用，借助科技手段提高监管能力。证监会于2018年发布了《中国证监会监管科技总体建设方案》，2020年成立了科技监管局。另外，社交媒体已经融入人们生活的各个角落，其内容不易验证与传播速度快、影响面广的特性，容易导致欺诈、误导等滥用行为，从而在证券公募与私募禁止"一般劝诱"上的区别、市场言论自由与信息型操纵的界分、是否违反公平披露原则等方面提出了新问题。美国证券市场散户投资者在"游戏驿站"等股票交易上大战华尔街，我国证券市场近年来比较猖獗的股市"黑嘴""杀猪盘"，均是借助了社交媒体的力量。

五是新的发展环境。从全球范围看，公司法修改中重新设定公司目的，强调并不只是甚至并不主要是为股东利益最大化服务，从股东利益至上转向更多考虑其他利益相关者与公司社会责任，是大势所趋；ESG投资理念，得到养老金、共同基金、捐赠基金等机构投资者的广泛认可。在证券监管上，上市公司披露ESG信息已经被越来越多的国家和地区接受，并且逐步从"鼓励自愿性披露"，向"不遵守即解释"的半强制披露，甚至完全强制披露过渡。自2020年9月开始，我国已经多次表态力争2030年实现碳达峰、2060年实现碳中和，也即"3060目标"。大家的共识是，气候变化是金融风险的一种源头，气候风险和可持续发展对投资大众与资本市场来说至关重要。美国等法域的证券监管机构正在积极推进上市公司与证券机构重视并披露气候变化引致的金融风险，美国证监会 2021 年 3 月在执法部成立了"气候与 ESG 问题工作小组"，负责发现、查处发行人在现有规则下披露气候风险时存在的任何重大漏洞或错误陈述，以及投资顾问和基金与 ESG 策略有关的披露和合规问题。

六是新的资本市场双向开放国际环境。对外开放是现代经济体系和成熟金融市场的基本特征，贯穿于资本市场整个发展阶段。单边主义、保护主义、逆全球化并未阻挡住我国企业与金融机构坚定地"走出去"、融入国际资本市场的步伐，我国监管机构也更加积极地参与全球治理与监管标准、规则的制定。总体上看，资本市场对外开放节奏以有序渐进式为主，开放步伐呈现"小步快走"，开放力度逐渐加大。"十四五"期间，我国资本市场坚持实施高水平的对外开放，实现由管道式、单点式开放向制度型、系统性开放转变。

在上述新的环境下，证券监管执法正在努力转型，同时面临一些新挑战。

一是在证券品种上，从以股为主转向股债并重，同时面临一些法律适用上的难题。

二是在违法行为类型上，从比较侧重于交易类违法转向更加注重发行欺诈与严重信息披露违法，但刑事威慑与民事赔偿力度还远远不够，一些可用的惩罚与追责依据尚处在休眠或者半休眠状态。

三是在责任主体上，开始强调"抓住关键少数""惩治首恶"，但需要正确认识与操作，切实做到有效执法，精准打击。

四是在量罚基准上，开始适用新《证券法》下的罚则，但是新旧法的衔接与新法下的量罚尺度需要更加明确。

五是在监管执法协调上，立法、司法支持力度前所未有，但是立法的针对性、前瞻性，司法的专业性、一致性、统一性还有待提升，一些有效的司法途径尚未启用，司法与行政的协调衔接、刑事移送，以及前置程序存废等方面出现了新问题。

六是在国际影响与国际协作上，相关执法情况开始引起域外关注，但是国际影响力尚比较微弱，需要加强与改进国际传播，并本着"有理、有利、有节"的原则，主动研判新情况，努力寻求协调解决国际监管协作难题的有效路径。

康达律师事务所组织撰写的《证券市场行政监管与风险防范》一书，从证券市场不当行为、证券监管与证券监管权、证券监管措施及其法律定位、证券市场不当行为的行政处罚和救济措施等方面，全面分析、解读了证券行政监管执法中的理论与实践、实体与程序问题，是证券市场参与主体合规管理与争议解决的导引工具书，也可以作为监管执法人员与研究者的案头参考。

专此为序。

目　录

绪　论

第一节　新证券法——资本市场新风向

2019 年 12 月 28 日，第十三届全国人大常委会第十五次会议审议通过了修订后的《中华人民共和国证券法》（以下简称《证券法》），已于 2020 年 3 月 1 日起施行。本次《证券法》修订，系统总结了多年来我国证券市场改革发展、监管执法、风险防控的实践经验，在深入分析证券市场运行规律和发展阶段特点的基础上，作出了一系列新的制度改革和完善。本次《证券法》修订的主要内容包括加大对证券违法行为的处罚力度，全面推行注册制，完善投资者保护，加大对民事赔偿控制的力度等。中国的第一部《证券法》在 1998 年出台，2005 年有过一次比较大的修订，这是第二次全面修订。这一次修订体现了进一步市场化、法治化、国际化的方向。本次修订对于控制市场风险、提高上市公司质量、维护投资者的合法权益、促进资本市场为实体经济服务，以及资本市场全面深化改革等方面，都具有重要的现实意义。

一　强化监管、没一罚十，力度前所未有

新《证券法》大幅加大对证券违法行为的处罚力度。如对于欺诈发行行为，从原来最高可处募集资金 5% 的罚款，提高至募集

资金的一倍；对于上市公司信息披露违法行为，从原来最高可处以 60 万元罚款，提高至 1000 万元；对于发行人的控股股东、实际控制人组织、指使从事虚假陈述行为，或者隐瞒相关事项导致虚假陈述的，规定最高可处以 1000 万元罚款等。同时，新《证券法》对证券违法民事赔偿责任也做了完善。如规定了发行人等不履行公开承诺的民事赔偿责任，明确了发行人的控股股东、实际控制人在欺诈发行、信息披露违法中的过错推定、连带赔偿责任等。

以下主要列举欺诈发行、保荐人造假违规、信息披露违规和证券服务机构造假方面的处罚规定。

1. 关于发行人欺诈发行的处罚

旧《证券法》第一百八十九条：对于尚未发行证券的，罚款金额在 30 万~60 万元；已经发行证券的，罚款金额在非法所募资金的 1%~5%；对相关责任人的最高罚款只有 30 万元。新《证券法》第一百八十一条：对于尚未发行证券的，罚款金额提高到 200 万~2000 万元；已经发行证券的，罚款金额在非法所募资金的 10%~100%；对相关责任人的罚款金额最高可达 1000 万元。

2. 关于保荐人造假违规的处罚

旧《证券法》第一百九十二条：处以业务收入 1~5 倍的罚款，对相关责任人的最高罚款金额为 30 万元。新《证券法》第一百八十二条：处以业务收入 1~10 倍的罚款；对相关责任人的罚款金额最高可达 500 万元。

3. 关于信息披露违规的处罚

旧《证券法》第一百九十三条：对于公司的罚款在 30 万~60 万元；对相关责任人的最高罚款金额为 30 万元。新《证券法》第一百九十七条：对于公司的罚款提高到 50 万~500 万元；对相关责任人的罚款金额可高达 200 万元。

4. 关于证券服务机构造假的处罚

旧《证券法》第二百二十三条：对于机构处以业务收入的 1~5 倍的罚款；对相关责任人的最高罚款金额为 10 万元。新《证券法》第二百一十三条：对于机构的罚款标准提高到违法所得的 1~10 倍；对相关责任人的最高罚款金额可高达 200 万元。与旧《证券法》相比，新《证券法》第十三章"法律责任"对涉及经济处罚的条款中的处罚金额几乎都做了大幅度的调整，违法违规成本显著提升，对于上市公司及相关责任主体违法的震慑力明显增强。

二　注册制后，审核中心下沉至交易所，证监会工作重心转移至行政监管

全面推行证券发行注册制是《证券法》修订的核心内容。在总结上海证券交易所设立科创板并试点注册制的经验基础上，新《证券法》贯彻落实十八届三中全会关于注册制改革的有关要求和十九届四中全会完善资本市场基础制度的要求，按照全面推行注册制的基本定位，对证券发行制度做了系统的修改完善，充分体现了注册制改革的决心与方向。同时，考虑到注册制改革是一个渐进的过程，新《证券法》也授权国务院对证券发行注册制的具体范围、实施步骤进行规定，为有关板块和证券品种分步实施注册制留出了必要的法律空间。

注册制并不意味着不对发行材料进行审核，而是改由证券交易所审核，证监会以交易所审核意见为基础，决定是否予以注册。可见，在注册制下证券发行是审核权下放，不是取消审核。注册制下审核的关注点发生了变化，从对发行人是否具有持续盈利能力和投资价值的审核，转变为对发行人是否符合发行基本条件以及信息披露是否完整、准确、真实和及时进行审核。这意味着权力配置发生了改变，证券监管体系逐渐向市场化转型，体现了"淡化行政管控、强化市场监管"的总体原则。

随着注册制的全面推行，审核重心下沉，证监会的工作职能将更多地转移到行政监管上来。

按照中国证券监督管理委员会主席易会满 2020 年 10 月 15 日在第十三届全国人民代表大会常务委员会第二十二次会议上做的《国务院关于股票发行注册制改革有关工作情况的报告》中提出的要求，中国证监会将加快职能转变，"实施注册制，客观上要求政府'退一步'，减少管制，还权于市场，同时又要'进一步'，加强监管，维护市场秩序"。"证监会坚持以'零容忍'的态度严厉打击财务造假、欺诈发行等证券违法活动。2019 年以来，启动财务造假、欺诈发行等信息披露违法案件调查 176 件，作出行政处罚决定 99 件、市场禁入决定 15 件，向公安机关移送涉嫌犯罪案件及线索 33 起，从严从重查处了一批大要案。坚持一案双查，严肃追究中介机构违法责任，累计启动调查中介机构违法案件 29 件。完善监管架构，理顺监管权责，组建科技监管局，促进科技与业务深度融合，从体制机制上加强事中事后监管。坚持管少才能管好，聚焦重点业务、重点机构、重要风险点，实施分类监管，提升监管效能。"

可以预见的是，一个以证监会为主导的强监管的时代将要到来。

三　集团诉讼——由投资者保护机构主导

此次《证券法》修订的一大亮点就是新设专章规定了投资者保护制度，并作出了一系列的制度安排，其中最为亮眼的就是引入了"代表人诉讼"制度。证券民事赔偿诉讼的难点在于受害投资者人数众多，同时单个受损金额较小。证券诉讼这种"小额多数"的特点，再加上诉讼双方的实力严重不对等，因此就需要有一个便利的诉讼方式将所有受害投资者组织起来参与诉讼。集团诉讼就是这样一个制度。集团诉讼是指多数成员存在共同利益，但是因为人数众多无法组织全体人员参与诉讼，必须由其中一人或数人代表全体成员进行起诉或应诉。集团诉讼的威力在于，只要有一个人发起诉讼，其他所有相同利益受损者会一起跟随，最终使得赔偿金额非常巨大。新《证券法》规定，当投资者遇到证券民事赔偿诉讼时，可以推选代表人进行诉讼。投资者保护机构受到 50 名投资者委托，就可以作为代表人参加诉讼。更为重要的是，在法院公告登记的情况下，可以为经过证券登记结算机构确认的权利人直接在法院登记，除非投资者明确表示不愿意参加该诉讼。这就是所谓的"默示加入、明示退出"的中国特色集团诉讼。在这种集团诉讼机制下，一旦证券代表人胜诉，法院作出的判决裁定将覆盖所有参加登记的投资者。

这种制度的设计，使得属于广义证监会系统的投资者保护机构，在证券民事诉讼领域可以取得比单个投资者更有利的诉讼地位，有利于集中资源、降低投资者的维权成本，并对违法违规行为产生强大的威慑力；同时，也意味着监管力量将对民事诉讼程序产生更大的影响。

四　行政监管是启动民事程序和确认民事赔偿责任的重要依据

根据《最高人民法院关于受理证券市场因虚假陈述引发的民事侵权纠纷案件有关问题的通知》的规定："人民法院受理的虚假陈述民事赔偿案件，其虚假陈述行为，须经中国证券监督管理委员会及其派出机构调查并作出生效处罚决定。"因此，行政处罚是虚假陈述民事赔偿案件受理的必经前置程序。

同时，《全国法院民商事审判工作会议纪要》进一步重申了行政处罚是判断违法重大性的标准。根据第八十五条关于重大性要件的认定："审判实践中，部分人民法院对重大性要件和信赖要件存在着混淆认识，以行政处罚认定的信息披露违法行为对投资者的交易决定没有影响为由否定违法行为的重大性，应当引起注意。重大性是指可能对投资者进行投资决策具有重要影响的信息，虚假陈述已经被监管部门行政处罚的，应当认为是具有重大性的违法行为。在案件审理过程中，对于一方提出的监管部门作出处罚决定的行为不具有重大性的抗辩，人民法院不予支持，同时应当向其释明，该抗辩并非民商事案件的审理范围，应当通过行政复议、行政诉讼加以解决。"因此，考虑到证券监管的专业性，人民法院在证券虚假案件中，实际上对于重大性这个关键问题的判断，也有赖于证监会行政监管的相关结论。

在债券虚假陈述民事责任领域，2020 年 7 月 15 日发布的《全国法院审理债券纠纷案件座谈会纪要》规定："欺诈发行、虚假陈述行为人以债券持有人、债券投资者主张的欺诈发行、虚假陈述行为未经有关机关行政处罚或者生效刑事裁判文书认定为由请求不予受理或者驳回起诉的，人民法院不予支持。"该纪要正式取消了债券虚假陈述责任纠纷中行政处罚作为前置程序的要求。但是，从该纪要生效后判决的第一例债券虚假陈述案件即五洋建设债券虚假陈述案来看，证监会对于发行人及中介机构的行政处罚，依然是法院在确定相关当事人民事责任中的核心证据。尤其是涉及欺诈发行导致的债券虚假陈述纠纷中，监管机构对于发行人是否涉及欺诈发行的认定，实质上是追究民事责任的起点。

五　行政监管是追究证券刑事责任的重要线索和来源

根据《证券法》第一百七十八条的规定，国务院证券监督管理机构依法履行职责，发现证券违法行为涉嫌犯罪的，应当依法将案件移送司法机关处理。

2019 年以来，证监会系统启动财务造假、欺诈发行等信息披露违法案件调查 176 件，作出行政处罚决定 99 件、市场禁入决定 15 件，向公安机关移送涉嫌犯罪案件及线索 33 起，从严从重查处了一批大要案。① 因此，行政监管成为追究证券刑事责任的重要线索和

---

① 参见《国务院关于股票发行注册制改革有关工作情况的报告》。

来源。

实践中，涉及证券领域的刑事案件，往往是由证监会系统调查获得线索后启动的，而且往往在刑事判决前就被证监会进行了行政处罚。例如，轰动市场的"鲜言操纵证券市场案"，2019年做出刑事判决，而早在2017年即由证监会做出行政处罚并移送公安机关。

值得一提的是，2020年12月26日发布、2021年3月1日起施行的《中华人民共和国刑法修正案（十一）》，与新《证券法》相适应，扩大了相关责任主体，在提高罚金数额的同时，也提高了最高刑期。例如，欺诈发行股票、债券罪最高刑期由五年提升至十五年，违规披露、不披露重要信息罪最高刑期由三年提升至十年，涉及中介机构的提供虚假证明文件罪、出具证明文件重大失实罪最高刑期也从五年提升至十年。可以预见的是，随着行政监管力度的加大，带来的连锁反应是移送处理的刑事案件也将大大增加，而违法行为面对的刑责也将大大提升。

总体而言，本次《证券法》修订，按照顶层制度设计要求，进一步完善了证券市场基础制度，体现了市场化、法治化、国际化方向，为证券市场全面深化改革落实落地，有效防控市场风险，提高上市公司质量，切实维护投资者合法权益，促进证券市场服务实体经济功能发挥，打造一个规范、透明、开放、有活力、有韧性的资本市场提供了坚强的法治保障，具有非常重要而深远的意义。与此同时，新《证券法》实施后，证监会的职能转变，一个强监管的时代到来。这种监管不仅将加大对违法行为的行政处罚力度，同时也会与民事责任及刑事责任产生联动关系，产生系统的、全方位的影响。在这种环境下，各种市场主体必须更加重视合法合规运行，增强风险防范意识。

第二节　爱有多深、罚有多狠——证监会 2019年处罚单

一　信披违法

2019 年，证监会依法查处违法行为，净化资本市场生态。重拳打击康得新复合材料集团股份有限公司（以下简称"康得新"）、康美药业股份有限公司（以下简称"康美药业"）等信息披露违法重大案件。数据显示，2019 年以来，共有 55 家上市公司遭证监会立案调查，数量创近 10 年新高。其中，24 家是被实施退市风险警示和其他风险警示的 * ST 类和 ST 类公司。上述 55 家被立案调查的公司中，多数涉嫌信息披露违法违规。①

2019 年 1 月，康得新因无力按期兑付 15 亿短期融资券本息，业绩真实性存疑，引起市场的广泛关注和高度质疑。证监会迅速反应，果断出击，决定对康得新涉嫌信息披露违法行为进行立案调查。经查，康得新涉嫌在 2015 ~ 2018 年，通过虚构销售业务等方式虚增营业收入，并通过虚构采购、生产、研发、产品运输费用等方式虚增营业成本、研发费用和销售费用。通过上述方式，康得新共虚增利润总额达 119 亿元。此外，康得新还涉嫌未在相关年度报告中披露控股股东非经营性占用资金的关联交易和为控股股东提供担保，以及未如实披露募集资金使用情况等违法行为。上述行为导致康得新披露的相关年度报告存在虚假记载和重大遗漏。康得新所涉及的信息披露违法行为持续时间长、涉案金额巨大、手段极其恶劣、违法情节特别严重。

---

① 《今年以来 55 家公司被证监会立案调查　多数涉嫌信息披露违法违规》，中国经济网百家号，https://baijiahao.baidu.com/s? id = 1651221109021438384&wfr = spider&for = pc，最后访问日期：2020 年 11 月 27 日。

证监会向涉案当事人送达《行政处罚及市场禁入事先告知书》，对康得新及主要责任人员在《证券法》规定的范围内顶格处罚并采取终身证券市场禁入措施。

2018 年底，证监会发现上市公司康美药业涉嫌财务造假，涉案金额巨大，立案后证监会集中力量进行查办。经前期调查和审理，拟对公司及责任人员进行处理。经查，2016～2018 年，康美药业涉嫌通过仿造、变造增值税发票等方式虚增营业收入，通过伪造、变造大额定期存单等方式虚增货币资金，将不满足会计确认和计量条件的工程项目纳入报表，虚增固定资产等。同时，康美药业涉嫌未在相关年度报告中披露控股股东及关联方非经营性占用资金情况。上述行为致使康美药业披露的相关年度报告存在虚假记载和重大遗漏。康美药业有预谋、有组织、长期、系统实施财务造假行为，恶意欺骗投资者，影响极为恶劣，后果特别严重。证监会向涉案当事人送达《行政处罚及市场禁入事先告知书》，依法对康美药业及马兴田等 22 名当事人予以行政处罚，并对 6 名当事人采取证券市场禁入措施。

二　听证会数量

健全监管执法制度机制，加强稽查执法规范化建设，优化行政处罚工作机制。落实国务院全面推行行政执法"三项制度"的任务要求，进一步健全行政执法机制体制。加强与中国人民银行、国家发展改革委部际联络，明确债券跨市场统一执法标准。健全细化听证相关制度规则，充分保障当事人查阅卷宗、陈述申辩的权利。2019 年，证监会共召开听证会 97 场，复核会 84 场，坚持开门办案，加大听证公开力度，提高行政处罚工作的透明度。[①]

---

① 《中国证监会 2019 年法治政府建设情况》，中国证券监督管理委员会网站，http://www.csrc.gov.cn/pub/newsite/zjhxwfb/xwdd/202004/t20200417_373995.html，最后访问日期：2020 年 11 月 27 日。

三 行政诉讼

积极接受司法监督，扎实做好行政应诉工作。2019 年，证监会共办理行政应诉案件 155 件，行政诉讼终审胜诉率达 97.7%，有效维护监管权威。[①]

推动完善证券期货民事诉讼制度机制，助力投资者民事维权。方正科技虚假陈述案二审维持一审示范判决，首单证券群体性纠纷示范判决破题。指导开展证券支持诉讼工作，中小投资者服务中心累计提起证券支持诉讼 19 起，股东诉讼 1 起。为适应证券发行注册制改革的需要，推动《证券法》规定适应我国国情的证券民事诉讼制度和先行赔付制度。

四 行政和解

2019 年，证监会共收到行政和解申请 9 件，受理 5 件。[②] 2013 年 10 月 8 日至 2015 年 7 月 3 日期间，高盛（亚洲）有限责任公司（以下简称"高盛亚洲"）自营交易员通过在北京高华证券有限责任公司（以下简称"高华证券"）开立的高盛经纪业务账户进行交易，同时向高华证券自营交易员提供业务指导。双方于 2015 年 5 月至 7 月期间的 4 个交易日的部分交易时段，从事了其他相关股票及股指期货合约交易。中国证监会于 2016 年 7 月对行政和解申请人（以下简称"申请人"）的上述行为进行立案调查。证监会 2019 年 4 月发布第 11 号公告，称已与高盛亚洲、高华证券以及两公司的相关工作人员等 9 名申

[①] 《中国证监会 2019 年法治政府建设情况》，中国证券监督管理委员会网站，http：//www. csrc. gov. cn/pub/newsite/zjhxwfb/xwdd/202004/t20200417_373995. html，最后访问日期：2020 年 11 月 27 日。

[②] 《中国证监会 2019 年法治政府建设情况》，中国证券监督管理委员会网站，http：//www. csrc. gov. cn/pub/newsite/zjhxwfb/xwdd/202004/t20200417_373995. html，最后访问日期：2020 年 11 月 27 日。

请人就以上事项的处理达成行政和解协议。根据行政和解协议：一、申请人已交纳行政和解金共计人民币 1.5 亿元；二、申请人已采取必要措施加强公司的内控管理，并在完成后向中国证监会提交书面整改报告；三、根据《行政和解试点实施办法》第二十九条规定，中国证监会终止对申请人有关行为的调查、审理程序。① 行政和解第一案成功落地。

五　纪律处分

优化一线自律监管，发挥行业自律优势。指导沪深交易所完善重点领域制度供给，修订完善股票上市规则、会员管理规则等基础业务规则，优化营商环境，强化对会员等市场主体的管理。2019 年，沪深证券交易所共作出纪律处分 330 余份，提高对暂停交易权限等资格罚的适用频率，强化惩戒力度，全国股转公司作出纪律处分 751 份。②

六　调解

2019 年，证监会完善证券期货专业调解体系机制，有效化解市场矛盾纠纷。会同最高人民法院建立"总对总"在线诉调对接机制，推动"中国投资者网"纠纷解决平台与"人民法院调解平台"互联互通。小额速调机制推广至 35 个辖区，签约法人机构 203 家，比2018 年增加 170 余家。2019 年各调解组织共受理调解案件 6900 余件，调解成功 5300 余件，涉及金额约 69 亿元。③

---

① 《中国证券监督管理委员会公告》（〔2019〕11 号），http://www.csrc.gov.cn/pub/zjhpublic/zjh/201904/t20190423_ 354756. htm，最后访问日期：2020 年 11 月 27 日。
② 《中国证监会 2019 年法治政府建设情况》，中国证券监督管理委员会网站，http://www.csrc.gov.cn/pub/newsite/zjhxwfb/xwdd/202004/t20200417_ 373995.html，最后访问日期：2020 年 11 月 27 日。
③ 《中国证监会 2019 年法治政府建设情况》，中国证券监督管理委员会网站，http://www.csrc.gov.cn/pub/newsite/zjhxwfb/xwdd/202004/t20200417_ 373995.html，最后访问日期：2020 年 11 月 27 日。

第一章　证券市场不当行为

第一节　证券市场不当行为的含义

一　概念界定

证券市场不当行为（Market Abuse），是指证券法律关系主体在实施证券发行、交易、中介以及监管等行为中，故意或过失地违反证券法律法规或相关规定，依法应承担相应责任的行为。它既损害证券市场公平性、有效性、流动性、透明度，也损害投资者对市场的信心。结合我国《证券法》相关规定和实践情形，证券市场不当行为主要包括信息披露违法、内幕交易、欺诈发行、操纵市场、虚假陈述、违规增减持等行为。

我国资本市场全面推行、分步实施证券发行注册制，支持优质企业上市，证券发行审核机构注重对注册文件的形式审查，而不进行实质判断。在此背景下，我国证券市场不当行为的表现具有其独特性，一方面，不当行为的种类范围广；另一方面，对某些不当行为尚且缺乏对应的法律法规进行约束，往往在不当行为发生后才产生相应的约束规范。

我国证券市场不当行为具有以下特点。

其一，主体范围和行为具有关联。首先，很多证券市场不当行为并非由单一主体独自完成，而是存在其他市场主体的参与。如上市申报中的虚假陈述，通常会有发行人、承销商、会计师事务所、律师事务所甚至包括政府部门在内的主体参与。其次，在较为严重的不当行为中更为显著，多个不当行为之间存在关联与传导。不当行为之间存在不法联系，从而构成由多种不当行为编织而成的复杂的不当行为。结合我国证券市场上影响较大的典型案例，大多数会同时牵涉到发行人、承销商、会计师事务所、律师事务所、政府部门等多个市场主体，且案件中的各不当行为之间存在关联。

其二，不当行为呈现多样性。证券市场作为综合性资本市场，包括发行、交易、信息披露、收购等多个方面，其中所产生的具体不当行为也有多样的表现。

其三，行为人的隐蔽性。证券市场是高专业化市场，能够实施证券市场不当行为的行为人，往往具有高学历、高专业性的特征，熟练掌握证券市场知识，精通市场运作，所使用的手段复杂多样，且尤其在事前具有很高的隐蔽性。如虚假陈述、欺诈发行等行为，需要进行大量的作假操作，同时又必须符合规范性文件的形式要求，在事前或行为当时难以被发现，有较高的隐蔽性。

其四，受害群体的不特定性。我国证券市场的投资者构成中，中小投资者比重较大。中小投资者具有专业投资能力低、自保意识薄弱的特点，往往成为证券市场不当行为的受害者。由于证券市场本身的风险不确定性，在证券市场不当行为产生受害者的同时很可能还会伴生一小批中小散户受益者。这种暂时受益会造成中小投资者对于证券市场不当行为的错误感受，使他们有机会成为下一次不当行为的潜在受害群体。在我国证券市场里，不当行为的受害者往往是不特定且缺乏防范意识的。

二　理论来源

民法学假设每个人都是"经济人"，经济人在面临各种选择时，并不是以道德标准衡量，而是以行为收益与成本、回报与风险等为依据做出决策。而理性经济人对证券市场守法行为与不当行为的选择，主要取决于守法行为与不当行为之间的成本和收益差异以及经济人对风险偏好的态度。根据消费者选择理论，当个人从事证券市场不当行为的预期效用大于将时间及其他资源用于从事证券守法活动所带来的效用时，此人便会从事证券违法活动，这是对守法行为的替代效应。

正是因为证券市场中存在产生不当行为的必然性因素，所以证券违法者才能利用这些特点来进行不当行为，产生不良后果。

首先，证券市场信息不对称。维护证券信息的公开性和效率性，是保证投资者的权益和实现资本优化配置的关键因素，但证券市场是信息不对称的市场，上市公司若未及时披露信息，证券投资者则无法获取信息；中小投资者获取信息的能力相比于证券公司或机构投资者更弱。由此，信息知情者则可利用信息优势，从事内幕交易等一系列不当行为。

其次，证券机构风险管理不足。一方面，部分证券机构尚乏独立的风险控制制度和机构，有的虽然设立了风险控制机构，通常也流于形式；另一方面，部分证券机构管理手段落后，时常会出现管理空白，关于具体经营计划的决策过于简单，机构工作人员权力过大，对于下属机构的管理不到位，因此会出现如分支机构越权经营、操作人员行为不当等现象。

最后，证券监管未充分发挥作用。我国证券市场是新兴市场，处于发展阶段，面对不时出现的新情况、新问题，部分证券市场监督政策的出台往往具有仓促性、应急性，存在部分疏漏，可操作性不强。另外，部分证券监管机构在稽查执法工作中也存在问题。作为对重大证券市场违规行为进行稽核、查实和处罚的证券监管机构，存在执法不严、处罚不力等情况。我国此前对上市公司证券不当行为作出的处罚多为行政处罚，存在对违法行为降低处罚标准的现象。执行不力所导致的后果为对证券市场的约束力不够，如部分受罚对象由于早已无力支付相应罚款，一再申请缓期缴纳，执行部门也无计可施。

马克思在《资本论》中指出，如果有10%的利润，资本就保证到处被使用；有20%的利润，它就活跃起来；有50%的利润，它就铤而走险；有100%的利润，它就敢践踏人间一切法律；有300%的利润，它就敢犯任何罪行，甚至冒绞首的风险。因此，面对市场参与者趋利避害的本能，有必要对证券市场不当行为进行充分的行政监管与处罚。

第二节　证券市场不当行为的类型

一　信息披露违法

信息披露制度，也称公示制度、公开披露制度、信息公开制度，是上市公司为保障投资者利益、接受社会公众的监督而依照法律规定必须将其自身的财务变化、经营状况等信息和资料向证券监管部门和证券交易所报告，并向社会公开或公告，使投资者充分了解情况的制度。它既包括发行前的披露，也包括上市后的持续信息公开，它主要由招股说明书制度、定期报告制度和临时报告制度组成。

从信息披露法律制度的主体来看，它是以发行人为主线、由多方主体共同参加的制度。从各主体所起的作用和地位来看，各主体可大体分为四类。第一类是信息披露的重要主体，它们所发布的信息往往是有关证券市场大政方针，因而也是较为重要的信息，这类主体包括证券市场的监管机构和政府有关部门。特别是证券市场的监管机构，它们在信息披露制度中既是信息披露的重要主体，也是使信息披露法律法规得以实施的机关，处于极为重要的地位。第二类是信息披露的一般主体，即证券发行人。证券发行人依法承担披露义务，所披露的主要是与自己有关的信息，是证券市场信息的主要披露义务人。第三类是信息披露的特定主体，即证券市场的投资者。一般情况下他们没有信息披露的义务，特定情况下才履行披露义务。第四类主体是其他机构，如股票交易场所等自律组织、各类证券中介机构。它们制定一些市场交易规则，有时也发布极为重要的信息，如交易制度的改革等，因此也应按照有关规定履行相应职责。

信息披露是强制性、单向性的义务，信息披露义务人的自主选择权较为有限。这种制度的设立有利于增强公众对证券市场的信心，防止欺诈，维护投资者的权益，有利于公司完善经营管理、提高标准，同时达到保护公众整体利益的目的。证券监管机构通过强制信息披露制度进行合理监管，便于宏观经济管理机构的调控，从而进行投资分析工作。

信息披露应当以真实、准确、完整为基本原则，同时要遵循及时原则，定期报告不能超过法律要求的期间；重要事实及时报告，当原有信息发生实质性变化时，信息披露义务人应及时更改和补充，使投资者获得当前真实有效的信息，不同的信息披露遵循不同的时间规则。遵循风险揭示原则，向投资者提示风险。遵循保护商业秘密原则，涉及商业秘密的信息可向证监会申请豁免，在信息公开前，商业秘密受到法律保护。

信息披露违法，是指信息披露义务人违反信息披露制度，未履行或未适当履行信息公开义务。信息披露违法行为主要有以下四种表现。

第一，信息披露义务人没有按照法律、行政法规、规章和规范性文件，以及证券交易所业务规则规定的要求及时、公平披露信息的期限、方式等内容。此为未按照规定披露信息的信息披露违法行为。

第二，信息披露义务人在信息披露文件中对所披露内容进行不真实记载，包括发生业务不入账、虚构业务入账、不按照相关规定进行会计核算和编制财务会计报告，以及其他在信息披露中记载的事实与真实情况不符。此为有虚假记载的信息披露违法行为。

第三，信息披露义务人在信息披露文件中或者通过其他信息发布渠道，做出不完整、不准确的陈述，致使或者可能致使投资者对其投资行为发生错误判断。此为所披露的信息有误导性陈述的信息披露违法行为。

第四，信息披露义务人在信息披露文件中未按照法律、行政法规、规章和规范性文件以及证券交易所业务规则中的关于重大事件或者重要事项信息披露要求披露信息，遗漏重大事项。此为所披露的信息有重大遗漏的信息披露违法行为。

《证券法》第一百九十七条以"未按照本法规定报送有关报告或者履行信息披露义务"和"报送的报告或者披露的信息有虚假记载、误导性陈述或者重大遗漏"为尺度，对两种情形进行了差异化的行政责任规定，对后者苛以更严重的后果。对于上市公司的定期报告而言，由于违规占用资金、违规担保等问题的未披露会直接影响到上市公司财务数据，对其是否属于"信息披露存在重大遗漏"违规的不同理解，将导致上市公司面临的行政处罚标准不同。因此，本次《证券法》的修订明确了"未按规定报送有关报告或者履行信息披露义务"与"披露的信息有虚假记载、误导性陈述或者重大遗漏"两类违规行为，使行政处罚逻辑更为合理。

二 内幕交易

内幕交易是指证券交易内幕信息的知情人员或非法获取内幕信息的人员，在公开对证券的价格具有重大影响的信息之前，买入、卖出该证券或者向他人泄露该信息，或是建议他人买卖该证券的行为。证券市场上的各种信息会影响证券价格走势，特别是股票价格。其主要原因是，股票价格是投资者进行投资决策的主要依据，投资者对于证券市场信息的依赖程度不言而喻。在某种程度上，可以说证券市场表现为信息市场，谁掌握信息谁就拥有了高度的主动权。

根据《证券法》规定，内幕信息包括但不限于：公司的经营方针和经营范围的重大变化；公司的重大投资行为、重大购置财产的决定；公司订立重要合同，可能对公司的资产、负债、权益和经营成果产生重要影响的信息；公司发生重大债务和未能清偿到期重大债务的违约情况；公司发生重大亏损或重大损失；公司生产经营的外部条件发生的重大变化；公司的董事、1/3 以上监事或者经理发生变动；持有公司5% 以上股份的股东或者实际控制人，其持有股份或者控制公司的情况发生较大变化；公司减资、合并、分立、解散及申请破产的决定；涉及公司的重大诉讼、仲裁，股东大会、董事会决议被依法撤销或宣告无效；公司涉嫌犯罪被司法机关立案调查，公司董事、监事、高级管理人员涉嫌犯罪被司法机关采取强制措施；公司分配股利或者增资的计划；公司股权结构的重大变化；公司债务担保的重大变更；公司营业用主要资产的抵押、出售或者报废一次超过该资产的30%；公司的董事、监事、高级管理人员的行为可能依法承担重大损害赔偿责任。

值得注意的是，上市公司的收购方案、中国证监会认定的对证券交易价格有显著影响的其他重要信息、证券分析人士运用公开媒体上以广告等不同方式披露的公司销售状况及市场占有率情况、对公司的中期业绩或年度业绩做出的分析和预测信息，以上信息不被认定为内幕信息。

目前各国为使投资者公平获取信息都在不断完善制度和监管，但都不会改变诸如公司高级管理者会先于公众知晓公司重大信息的客观情况，加之制度和监管的滞后性，仍然需要对内幕交易进行防范。众多中小投资者可能会因为信息获取滞后而处于十分不利的地处，承担遭受损失的风险大幅度增加，故我国长期以来对内幕交易行为都持严厉态度。如《中华人民共和国刑法（2020 修正）》（以下简称《刑法》）规定，内幕交易、泄露内幕信息情节严重的，构成内幕交易或泄露内幕信息罪。

三　欺诈发行

欺诈发行，是指发行人不符合发行条件，以欺骗手段骗取发行核准的行为。它突破诚信底线，无视法律权威，作为证券市场最为严重的证券欺诈行为之一，历来是各国监管机构监管执法的主要领域。

欺诈发行的证券主要包括股票、企业债券和公司债券，其中又以股票为主要的欺诈发行证券。欺诈发行会涉及巨大的资金量，关联主体众多。根据我国现有规定，任何证券的公开招募及发行都必须经过相关机构的审批，未经法定审批或者审核机构同意的发行行为都是不正当的，情节严重的根据《刑法》规定将构成欺诈发行股票、债券罪。另外，《证券法》第一百八十一条将行政经济性处罚的最高金额提高至千万元；第二十四条规定了责令发行人回购制度；第九十三条规定了先行赔付制度，探索建立证券集体诉讼机制以解决证券欺诈民事诉讼难的问题，上述规定完善了对欺诈发行的行政责任和民事责任。

在首次公开发行环节（IPO），欺诈发行通常包括以下特点。

第一，人为性。欺诈发行所形成的骗局都是人为的。但是人为程度的大小说明了欺诈者的主观恶性的大小，进而说明了法律评价上的当罚性的大小。而人为程度的大小就是指欺诈者在多大程度上积极策划和实施欺诈行为，显然，证券发行中的欺诈骗局是人为性较高的骗局。

第二，开放性。欺诈发行的开放性体现在对其他违法犯罪的依赖或相互影响的程度上。我们可以通过其他违法犯罪的发生来预见此类骗局有可能出现或者已经出现，从而达到预防和控制此类骗局的效果。

第三，可控性和适应性。可控性指可以通过外部人为的调节控制改变其生存状况；适应性是指对特定环境依赖程度不大，失去某种外部条件，自身仍可生存。证券发行中的欺诈骗局的可控性大、适应性强，且这类违法行为暗数高、发案率低，造成的后果往往较为严重。

四 操纵市场

所谓"操纵市场"，是指个人或机构背离市场自由竞争和供求关系原则，人为地操纵证券价格，以引诱他人参与证券交易，为自己牟取私利或者转嫁风险的行为。在证券市场上，由供求关系自然形成的价格是正常的，而操纵证券交易价格的行为却人为地扭曲了证券市场的正常价格，实质上是一种对不特定人的欺诈行为。操纵者利用非法手段，造成虚假供求，误导资金流向，并从中牟利或者转嫁风险，这种行为对证券市场的秩序造成极大危害，必须加以禁止。

我国《证券法》第五十五条规定："禁止任何人以下列手段操纵证券市场，影响或者意图影响证券交易价格或者证券交易量：（一）单独或者通过合谋，集中资金优势、持股优势或者利用信息优势联合或者连续买卖；（二）与他人串通，以事先约定的时间、价格和方式相互进行证券交易；（三）在自己实际控制的账户之间进行证券交易；（四）不以成交为目的，频繁或者大量申报并撤销申报；（五）利用虚假或者不确定的重大信息，诱导投资者进行证券交易；（六）对证券、发行人公开作出评价、预测或者投资建议，并进行反向证券交易；（七）利用在其他相关市场的活动操纵证券市场；（八）操纵证券市场的其他手段。操纵证券市场行为给投资者造成损失的，应当依法承担赔偿责任。"

常见的操纵证券市场的行为主要表现为以下四种。一是，连续交易操纵，即集中资金优势、持股优势或利用信息优势联合或者连续买卖，进而操纵证券交易价格或证券交易量。行为人一般以资金优势在较短时期内操作影响一只或几只证券的价格，交易方式为快进快出，将股价迅速推高甚至封于涨停，在第二日或较短时期内反向卖出，以赚取短线差价。二是，约定交易与洗售交易操纵，即按事先约定的时间、价格和方式相互进行证券交易，进而影响证券交易价格或者证券交易量。在集中竞价交易市场，若要证券在自己控制的账户之间实现交易，必须保证价格相近、方向相反。因此约定交易与洗售交易操纵之间的主要区别即操纵行为是单一主体还是多个合谋主体。三是，虚假申报操纵，即通过不以成交为目的的频繁申报以制造虚假的市场供求信息，误导其他投资者跟风交易。此种操纵行为对市场价格和流动性的影响并不长久，若虚假申报停止，市场价格和流动性大致会回到正常水平，但其仍能吸引其他投资者跟风交易，推动市场价格向预期方向波动，以此牟取非法利益。四是，特定期间价格操纵，通常表现为短线操纵中常见的操纵证券开盘价、收盘价、尾市操纵等情形，或行为人在计算相关证券的参考价格或者结算价格的特定期间，通过拉抬、打压或锁定等综合手段，操纵证券交易价格或交易量，从而在参考价格或结算价格的有利变动中牟利。

五　违规增持、违规减持

违法增减持行为是指持有某一上市公司发行在外的股份达到5%的投资者（其应当及时进行信息披露并报告，并且在一定期限内不得买卖该公司股票）所持股份每增减5%时未履行上述相同义务，即未依法披露而继续买卖的行为。违法增减持行为违反了证券市场中的信息披露规则和慢走规则，且往往和违法内幕交易行为有所关联。如何科学有效地规避违规大规模增减持股票行为始终是证券市场立法和执法所共同面临的突出问题。

依据我国《证券法》规定，投资者持有某一上市公司发行在外的股份达到5%时，构成法律上的信息披露时点，信息披露义务人必须履行相应的信息披露义务，违反此规定（不管是否有继续买卖股票的行为）本身就构成了违反信息披露义务的行为。对违反权益披露规则继续增减持股票的行为可在相关条件成就时以内幕交易予以惩处。根据上文分析可知，内幕交易认定有三个构成要件：内幕信息知情人、存在内幕信息、当事人利用内幕信息从事了买卖相关证券的行为。由于《证券法》规定"持有公司百分之五以上股份的股东"是"证券交易内幕信息的知情人"，所以违反权益披露规则大规模增减持股票行为者属于内幕交易主体。如果在此基础上满足发生较大变化的内幕信息未公开前再次买卖股票的条件，则此违法增减持行为同时会构成内幕交易，证券监管者应当依法对该不当行为进行惩处。

六 编造传播证券期货虚假信息

信息在证券市场中的重要性会直接影响到投资者利益，所以编造或传播证券期货虚假信息必然也会对证券市场产生强烈的冲击，损害投资者的利益。因此，我国禁止任何单位和个人编造、传播虚假信息或者误导性信息，扰乱证券市场；禁止证券交易场所、证券公司、证券登记结算机构、证券服务机构及其从业人员，证券业协会、证券监督管理机构及其工作人员，在证券交易活动中做出虚假陈述或者信息误导。同时，各种传播媒介传播证券市场信息必须真实、客观，禁止误导。传播媒介及其从事证券市场信息报道的工作人员不得从事与其工作职责发生利益冲突的证券买卖。编造、传播虚假信息或者误导性信息，扰乱证券市场，给投资者造成损失的，应当依法承担赔偿责任。《证券法》第一百九十三条作出了进一步的处罚规定："违反本法第五十六条第一款、第三款的规定，编造、传播虚假信息或者误导性信息，扰乱证券市场的，没收违法所得，并处以违法所得一倍以上十倍以下的罚款；没有违法所得或者违法所得不足二十万元的，处以二十万元以上二百万元以下的罚款。"编造并传播证券交易虚假信息造成严重后果的，根据我国《刑法》规定，构成编造并传播影响证券交易虚假信息罪。这里的"严重后果"是指不当行为引起了股票价格剧烈波动，或者在股民中已经引起了心理恐慌，导致他们大量抛售或者买进某种股票，从而给股民造成重大经济损失，严重影响证券市场，造成恶劣社会影响。

相较于其他种类证券市场不当行为，编造传播证券期货虚假信息可使危害程度扩大化。较之传统方式，行为人通过网络传播证券期货虚假信息会更快速地传播至更广范围的投资者，公共事件的发生也会给造谣者、传谣者以可乘之机。如"2017年3月1日起创业板将全面停止审核"，该虚假信息最初由个人微信朋友圈发布，随即被相关证券分析者转发，由此在多个网站和社会公众中传播开来。该事件直接导致上证指数在次日交易中暴跌6.1%，且虚假信息的内容涵盖上市公司的经营规模和资金流向、监管部门的执法动向以及宏观调控政策，对整个金融市场的稳定发展产生了负面影响。这体现了行为人目的的复杂性，带来了更大的社会危害，对于监管工作和法律规范的完善亦提出了更迫切的要求。

第三节　证券市场不当行为的比较法参照

证券市场不当行为在各国证券市场中广泛存在，我们结合各国的证券市场不当行为制度进行比较分析，重点讨论证券市场中高发的内幕交易、欺诈发行、操纵市场三种证券市场不当行为的相关规定。

一　内幕交易

综合多数国家的立法规定来看，内幕信息应当具有两个特征。

其一，内幕信息应当是未公开的信息，即投资者尚未获取，通过合法渠道无法获取的信息。证券市场在相关证券信息公布之后须有反应时间，即市场对信息消化吸收的过程，故内幕知情人员若想交易证券，也应当在内幕信息公布之后的相当期限后进行。至于时间间隔的具体长短，各国规定不同。美国确立了内幕信息拥有人必须在内幕信息出现在道琼斯信息服务中后才能进行交易的制度。我国《证券法》则规定依法披露的信息应当由证券交易场所的网站和符合国务院证券监督管理机构规定条件的媒体发布，沪深证券交易所也会在上市公司重大信息公布时要求上市公司申请临时性停牌，便于投资者消化刚刚公布的内幕信息。

其二，内幕信息具有价格敏感性，即内幕信息一旦公布便很有可能对证券价格产生重大影响。美国最高法院如此解释重大信息的内涵："如果一个理智的投资者，在他作出投资决定时，可能认为这个被忽略的事实是重要的，那么它就是重要的。换句话说，这个被忽略的事实公开后，极有可能被理智的投资者看成是改变了自己所掌握的信息的性质，那么，这些事实也就是重要的。"

美国法律界定以下人员为内幕交易人员：经典的内幕人（Classic Insider），包括公司董事、经理、大股东；推定的内幕人（Constructive Insider），包括与证券发行公司联系密切故而掌握内幕信息的人员，如雇佣律师、会计师、投行人员；内幕信息的知悉者（Tippee），包括任何获得内幕信息的人员。日本《证券交易法》则规定了下列内幕人员：董事、监察人因执行职务而获得内幕信息的人员；有权检查公司账目的股东因行使该权利而获得内幕信息的人员；对公司行使法定检查权而获得内幕信息的人员；与公司有法定契约关系的、因履行契约关系而获得内幕信息的人员；因职务而获取内幕信息的高级人员，包括离职一年以内的；从上述公司内幕人员处获得内幕信息的人员，也就是信息受领人。我国对内幕信息的知情人员的界定则被详细规定在《证券法》中，内幕信息的知情人和非法获取内幕信息的人均不得利用内幕信息从事证券交易活动，亦不得泄露该信息，或者建议他人买卖该证券。

从上述国家的立法实践来看，内幕知情人员的范围在不断扩大，这也反映了各国反内幕交易行为的力度不断加大。

二　欺诈发行

欺诈发行行为作为主要的证券市场不当行为，在实务中主要有两种形式。

其一，证券信息披露中的证券欺诈。美国证券法律认定的信息披露欺诈主要表现为：陈述不全或遗漏、错误陈述或误导性陈述、隐瞒重大情况、披露不及时等等。日本证券法律认定的信息披露欺诈主要表现为：虚假记载、重大遗漏等等。我国证券法律认定的信息披露欺诈主要表现为：虚假记载、误导性陈述、重大遗漏、不正当披露等等。各国之间的规定虽然略有差别，但本质上是一致的，相对来说美国的界定范围更为广泛和严格。

其二，证券交易中的证券欺诈，即证券交易中利用其受托人、管理人或代理人的特殊地位，欺骗投资者、委托人、被管理人或被代理人的行为。美国证券法具体列举的欺诈手段很多，包括经纪人对客户的隐瞒欺骗、公开要约收购的欺诈等等，但法官享有很大空间的自由裁量权。日本法律规定证券交易中的欺诈包括全权委托、损失补偿、引诱过度交易、卖空、逆指定价格委托、传播谣言等。我国法律规定的证券交易中的欺诈手段和日本规定较为相近，即不按委托买卖证券、挪用客户资金、假借客户名义买卖证券、引诱交易等等。

我国法律规定欺诈发行责任的承担主体主要包括发行人、发行人的控股股东、实际控制人、相关的证券公司等。美国对承担欺诈发行责任的主体的界定则更为宽泛，《1934 年证券交易法》规定"通过或依靠其他个人直接或间接去做任何属于违法行为的任何人"，也应承担相应的民事责任。除发行人之外，1933 年美国《证券法》第 11 节（a）款还开列了要对证券发行中的欺诈行为承担责任的人和机构：

①所有签署登记文件的人；②在上报登记文件时担任董事，或起类似作用的人或合伙人；③所有在登记文件上签名同意，并且很快会成为董事或合伙人的人；④任何会计师、工程师、评估师或其他任何人，由于他们的职业性质，登记文件中的有关内容必须征得他们的签字认证或评估后方可上报备案；⑤登记证券的承销商。根据美国《证券法》第15节规定，如果原告能证明某人是属于被上述五类人员控制的人，那么该被控制人也要承担第11节规定的法律责任，控制人（Controlling Person）对被他控制的人员的行为要承担连带的和单独的责任。在证券交易中，美国《1934年证券交易法》规定交易商或经纪人是承担欺诈发行行为责任的主体。

从欺诈发行法律责任形式来看，根据美国《证券法》和《1934年证券交易法》的规定，美国证券法律首先强调民事责任，以民事诉讼机制防范证券欺诈。例如《1934年证券交易法》第18节等明确规定对因误导性陈述等证券欺诈行为而受到损害的，当事人可以起诉，请求赔偿，侵权者要承担民事责任。当然，美国也规定了证券欺诈行为的行政责任和刑事责任，如对证券欺诈行为的行政罚款不是交于国库，而是作为投资者赔偿资金。但不可否认的是，美国对证券欺诈行为采取民事责任第一原则。相对于美国来说，我国对证券欺诈行为更偏重行政责任和刑事责任追究，责任形式与美国相近：行政罚款，没收违法所得，纠正不法行为，刑事上处以徒刑和罚金。证监会于2020年起草了《欺诈发行上市股票责令回购实施办法（试行）（征求意见稿）》，规定股票的发行人在招股说明书等证券发行文件中隐瞒重要事实或者编造重大虚假内容，已经公开发行并上市的，中国证监会可依法责令发行人回购欺诈发行的股票，或者责令负有责任的控股股东、实际控制人买回股票。尽管对于具体欺诈发行情形尚无具体规定，有待实践积累后进一步明确，但此举作为构建欺诈发行责任追究体系的重要手段之一，有利于严惩证券欺诈发行行为，进一步加强对投资者合法权益的保护。"责令回购"为独立的行政行为，当证监会在履行监管职责时发现欺诈发行线索，可组织核查并采取责令回购措施。如若当事人拒绝回购，依据《中华人民共和国行政强制法》，监管部门可申请人民法院强制执行。另外，上交所官方网站还设置了欺诈发行举报的专用通道，为规范股票发行注册相关活动、保护投资者合法权益和社会公共利益起到了积极作用。

总而言之，欺诈发行既违反证券发行的公开、公平、公正原则，极易对市场投资者的判断造成误导，又是损害投资者利益的市场欺诈行为，侵蚀证券市场的诚实信用基石，因而不论在发行核准环节还是在后续监管环节都应当受到法律的否定性评价，需要对其进行严格的防范和打击，以建立自由有序的市场。

三　操纵市场

操纵市场属于法律严厉禁止的扰乱证券市场正常秩序的行为，各国也制定了严格的相关规定。

美国关于禁止市场操纵的立法主要见于《1934年证券交易法》，其有关禁止操纵行为的规定，不仅适用于所有证券经纪商和自营商，而且适用于所有的证券市场参与者。结合我国有关禁止证券欺诈行为的规定，我国操纵市场的行为主体既包括自然人也包括机构投资者，包括证券经营机构、证券交易所及其他从事证券业的机构；其他机构；个人。结合国内外情况，承担操纵市场行为责任的主体主要有：①上市公司；②证券公司；③机构投资者，如基金会、保险公司、商业银行等；④证券交易所、证券登记结算机构、证券专业服务机构；⑤证券监督管理机构、证券业协会；⑥不参与证券发行和交易的其他机构，如新闻传播媒介；⑦以上机构的人员。

市场主体在证券市场的漫长发展中创造了种类繁多的操纵市场的形式与方法，并随着市场的发展不断创新，下面结合对美国、中国、日本的相关规定进行具体分析。

我国《证券法》第五条规定禁止操纵证券市场的行为，第五十五条作出进一步规定："禁止任何人以下列手段操纵证券市场，影响或者意图影响证券交易价格或者证券交易量：（一）单独或者通过合谋，集中资金优势、持股优势或者利用信息优势联合或者连续买卖；（二）与他人串通，以事先约定的时间、价格和方式相互进行证券交易；（三）在自己实际控制的账户之间进行证券交易；（四）不以成交为目的，频繁或者大量申报并撤销申报；（五）利用虚假或者不确定的重大信息，诱导投资者进行证券交易；（六）对证券、发行人公开作出评价、预测或者投资建议，并进行反向证券交易；（七）利用在其他相关市场的活动操纵证券市场；（八）操纵证券市场的其他手段。操纵证券市场行为给投资者造成损失的，应当依法承担赔偿责任。"

结合国内外规定，操纵市场可以分为以下种类。

一是，虚买虚卖（Wash Sales），它是指股票真正所有权不发生转移的虚假交易行为，也是最古老的操纵市场的形式之一。在我国证券实践中也称之为"对倒"，买卖自己的股票制造虚假的交易量。在美国证券市场中虚买虚卖手段多样：第一种，交易双方委托同一经纪商，于证券交易所相互申报买进卖出，实际上并未进行交易；第二种，由预先安排的同伙买进其卖出的股票，然后立即退还证券取回价款。这样的行为实际上没有改变证券的实际所有人，只不过是在该所有人的左右手间来回切换，以产生虚假交易价值。

二是，通谋买卖（Improper Matched Orders），又称相对委托，它是指行为人伙同他人，一方做出交易委托，另一方在同一时间和地点以同等数量和价格委托，从而达成交易的行为。通谋买卖要求双方的委托在时间、价格、数量上具有相似性，但并不要求绝对一致。该行为一般要双方配合才能完成，又称合谋。它表现为：首先，通谋买卖须两人及以上共同实施且有串通或通谋；其次，须行为人事先就时间、价格和方式达成一致，但在证券集中交易的场合要求双方达成完全一致是不可能的，只是要求通谋的委托在时间、价格和数量上具有一致性或相似性；最后，通谋买卖影响证券交易价格或证券交易量。通谋买卖与虚买虚卖有所区别：一方面，虚买虚卖并不发生证券所有权的转移，而通谋买卖中当事人双方证券确实转移了；另一方面，通谋买卖更具隐蔽性。但两者都具有制造证券虚假繁荣，从而影响证券价格的特点。

三是，连续交易（Transaction Series），它是指行为人为了抬高或压低集中交易的有价证券的价格，以自己或他人的名义对该证券进行连续高价买入或低价卖出的行为。此处的连续买卖是真正买卖，只是以连续买进或卖出的行为达到炒作证券的目的。此种操作行为一般是行为人先筹足一大笔资金，并锁定某种具有操作潜力且易操作的股票，暗中利用不同账户在市场上吸足筹码，然后配合各种炒作连续进场拉抬股价，以诱使投资人跟进追涨，使股价一路攀升，等股价上涨到一定高度时，暗中释放出手中持股，使股价骤跌，然后大量回购，为下次炒作准备筹码。连续交易表现为：第一，行为人具有连续以高价买入或以低价卖出的行为，伪造该证券交易的表象或抬高压低证券价格，美国证监会认为3次以上交易记录即可构成连续的交易，我国台湾地区认为2次以上即可构成连续的交易；第二，连续交易影响或控制证券价格或证券交易量。根据我国《证券法》规定，连续交易应是指证券价格或证券交易量受到人为的影响或控制。

四是，联合操纵（Pool Operation），它是指两个或两个以上的人组成临时性的组织，联合运用手段操纵证券市场。联合操纵包括两种形式。

联合交易操纵（Trading Pool），即联合操纵者所需股票，由操纵者直接在公开市场上以最有利的价格买进，以期高价出售。与正常股票买卖行为不同的是，它要求有两个或两个以上行为人之间主观上具有共同的意思，客观上从事了集中资金优势、持股优势或者利用信息优势联合操纵证券交易价格的行为。至于操纵行为是否造成了证券价格被操纵的实际后果，则不需要考虑。

期权联合操纵（Option Pool），即操纵者首先将某有限供应、信誉较好的股票期权购入以控制其交易权，然后通过经纪商不同的账户交易股票，造成卖单居多假象，并使用宣传手段促成股价上涨，然后进一步抛售迫使价格下跌，再补回股票的行为。

我国《证券法》第一百九十二条规定："违反本法第五十五条的规定，操纵证券市场的，责令依法处理其非法持有的证券，没收违法所得，并处以违法所得一倍以上十倍以下的罚款；没有违法所得或者违法所得不足一百万元的，处以一百万元以上一千万元以下的罚款。单位操纵证券市场的，还应当对直接负责的主管人员和其他直接责任人员给予警告，并处以五十万元以上五百万元以下的罚款。"第二百一十九条规定："违反本法规定，构成犯罪的，依法追究刑事责任。"第二百二十条规定："违反本法规定，应当承担民事赔偿责任和缴纳罚款、罚金、违法所得，违法行为人的财产不足以支付的，优先用于承担民事赔偿责任。"可见，我国立法明确规定了操纵市场行为应承担相应的行政责任和刑事责任，并采取民事赔偿责任优先的原则。美国法律规定，操纵上市证券价格的，操纵者应对参加交易而受损害者负赔偿责任。日本则规定受害者在知道自己因操纵行为受损失起1年内，或者从违法行为实施后的3年内，可以向法院提出损害赔偿的请求。只有规范地遵守上述规定，才能充分地保护和救济受害者，遏制操纵市场行为。

第二章　证券监管与证券监管权

第一节　证券监管的含义

一　证券监管的由来

"证券监管"的概念来源于英文表述"Securities Regulation"，它的本质是一种监管（Regulation）。经济合作与发展组织（Organization for Economic Co-operation and Development，OECD）对于 Regulation 的定义是：政府为了调整个人或私营企业的经济活动而强制施行的规则，并附有处罚措施。监管工具和目的是多种多样的，设置价格、产出、回报率、信息披露、标准及所有权上限等等都是经常使用的手段。并非所有的监管都是由政府强制执行的，许多行业采用自我监管，比如具有共同利益的成员共同执行约定的规则，以此维持专业的声誉。

在此基础上，我国将证券监管定义为：证券监管是政府及有关监管机构为了克服和修正证券市场内部的失灵，通过经济手段、行政手段等对市场活动各类主体进行干预的行为，并以此维持公平、公正、公开的市场秩序，保护市场活动主体的合法权益，促进证券行业的长足发展。由此可见，对证券监管应采取广泛定义，并不局限于政府对证券市场不当行为的法律约束。

我国证券市场已历经近三十年的发展，虽有不当行为的不和谐因素，但整体基调是稳步向前发展并壮大的。我国证券监督管理委员会成立以来虽然对不当行为持续进行严厉打击，但相应的市场监管效果仍不能使各参与主体均持满意态度，加之现代社会的信息流动之迅速，可以明显感受到无论是新闻媒介还是中小投资者，他们对于证券市场不当行为不时表露出负面情绪。可即便如此，若要大家确切说明我国证券市场不当行为的具体情况却又难以实现。所以，如何比较客观、准确地把握我国证券市场不当行为的整体状况，不论对于理论还是实证领域都十分迫切且重要。

二　证券监管的正当性

证券市场随着资本制度和收益方式的形成而诞生，它影响社会财富的分配，所以必须设立维护公共利益的监管规则。市场失灵和公共利益理论对于证券监管的正当性做出了代表性回应。

市场失灵指投资者作为外部人，其相比于企业内部人而言处于信息劣势，内部人则可能利用信息优势，通过证券欺诈、操控行为等来将自己的效益最大化。具有垄断地位的投机者还有可能虚构交易需求，对其他主体发送虚假信息，使市场失去效率，造成市场失灵。

市场信息作为公共物品，具有非竞争性和非排他性。但上市公司若不提供信息，投资者就需要为了获取信息而付出成本。对于中小股东而言，其回报与成本往往不成正比，他们更倾向于搭监督的便车。信息偏差所产生的负面效应说明政府需要克服信息失灵，维护公共利益，对证券市场不当行为做出制度上的安排，因而有权对证券市场进行监管。证券市场的发展脉络已充分说明，没有监管的、纯粹自由的市场不可能存在，证券市场需要监管。在法律领域，证券监管的争议通常表现为政府有无做出监管决定的权力，证券监管的范围之争进而转化为证券监管权边界之争。监管的范围需要具有法律效力的规则来指定，因此在证券监管中，证券监管权就是监管法律规则的重点。

第二节　证券监管权的界定

一　证券监管权的解释

（一）权力的定义

证券监管权是一种权力，要明确证券监管权的概念，首先需要界定权力。权力原本属于政治学领域的研究对象，之后逐渐由法学和社会学的学者们探索。我国学界的著作中多从内容、主体等因素来对权力进行定义，比如有的观点认为，权力意为国家凭借对资源的支配和控制，通过强制保障以使公民、法人或其他组织服从其意志的一种特殊支配力和影响力。[①] 权力在实务中有时也用"权限"这样的词语代替。

结合目前学界观点来看，权力通常具有以下特点。

首先，只有国家机关才能成为权力的主体，社会群众是没有这样的权力的。国家机关通过法定的程序被授予权力，从而成为依法享有权力的组织，但其权力的行使通常是通过个人作为国家机关工作人员的途径实现的。

其次，特定的社会关系成为权力作用得以发挥的途径。每一种特定的权力中的主体与客体形成指挥与遵从的上下级关系，或者是互相平衡的制约关系。前者如证监会和其各派出机构之间的领导与被领导的关系，后者如行政权和司法权之间的互相制约与监督的关系。

最后，维护公共利益是权力设立的目的，所以权力也伴随监督。权力不同于权利，对于公民所享有的权利而言，他们可以自由地选择

[①]　张军主编《法理学》，中国民主法制出版社，2014，第73页。

享受或不享受；但对于权力主体而言，却不存在放弃行使自己的权力一说。权力是一种强制力，行使权力也是一种强制性的义务，如果因疏忽或过失而未行使权力的话，则会被以失职为名追究相应责任。

（二）证券监管权的定义

证券监管权是国家赋予的干预有关证券市场经济活动的强制作用力。一方面，证券监管权来源于法律的授权和保障，并非别的社会作用力。另一方面，享有证券监管权的主体是法律规定或授予的负有监管证券市场职责的机关，它们各司其职，分别履行行政监管权和自律监管权。

结合我国证券市场现状来看，证券监管权有以下两个特点。

其一，证券监管权的主体具有多样性。在我国证券法律相关规定体系中，证券监管权的主体不仅包括中国证监会这样的专门组织，同时也涵盖诸如证券交易所之类的自律管理组织，之后会对其进行详细介绍。所以证券监管权的主体并不限于最具代表性的中国证监会，而是多层次的、多方位的。

其二，证券监管权本身具有综合性。基于上述对权力的阐述，我国的权力体系一般分为立法权、行政权、司法权，那么证券监管权属于何种权力呢？

我们认为，证券监管权首先不属于立法权。根据我国对立法权的界定，可知立法权是通过法定程序对法律进行立、改、废的权力。我国的立法权属于人民，通过人民代表大会制度将人民的意志通过立法形式来贯彻，维护广大人民最根本的利益。立法机关拥有多阶段、多层次的权力，包括但不限于立法权、监督权、弹劾权等。而证券监管主体并非代议制性质，其规则的设立也是源于国家法律的授权，故其本身并不属于立法权。

证券监管权也不属于司法权。证券监管权与司法权最大的区别在于，监管主体行使权力的目的并非解决争端，而是规范相应的市场行为，在此过程中如果证券监管机关行使了诸如判断权的权力，它们也不具有司法权所特有的终局性的特点。而行使司法权的目的则主要是解决争端，故其具有被动性、中立性、终局性的特点。

故相比于司法权和立法权，证券监管权与行政权更为接近。国家行政机关通过行使行政权将法律法规、政策制度等适用于不同的行政相对人，通过国家赋予权力的强制手段来管理公共事务，管理经济文化事业。可以说行政权包含了管理与执行两方面：管理是指政府组织、规划、管理政务活动的权力，执行是指对行政相对人采取措施的权力。证券监管权包含行政权的内容，但除此之外还包括制定实施相关自律规章、业务规则等制度的权力。

综合而言，证券监管权是被授权权力主体为实现证券市场良好运行的目标而干预市场主体相关经济活动的综合性权力。它的综合性既表现为权力主体的综合性，如中国证监会及其派出机构的行政监管主体，以及证券交易所等的自律监管主体；同时也表现为权力本身的综合性，如规则制定权、纠纷处理权等，下文会展开详细阐述。

二 证券监管权的本原

（一）现实因素

证券监管权的设立目标为证券监管权的自身体制及监督运行提供了统一指导，也是证券监管权产生的现实因素。从维护社会公共利益的角度出发，证券监管权是整体风险防范与自由主体发展之间为了平衡利益冲突而产生的权力，这些利益冲突的表现是多样的，比如投资者与发行人之间的冲突、中介机构与发行者之间的冲突等，为了平衡利益安排，设定证券监管权就要遵循以下目标。

其一，保护投资者的利益。目前证券市场中广泛存在信息披露违法、虚假陈述、内幕交易、操纵市场等不当行为，直接阻碍了作为市场主体的投资者的充分自由，他们所获取的信息的真实性、可靠性存疑。而证券市场的资金来源的主体正是投资者，所以投资者对市场的满意度直接影响其投入市场的资金规模及投资行为的预期，而这些因素将直接影响其市场参与程度，故保护投资者不受他人的不法侵害是证券监管权的目标之一。现代经济法立足于社会本位，通过保障市场经济的健康发展实现经济自由，表面上证券监管权可能以强制信息披露、市场禁入等手段来限制某些市场参与主体的自由，实际上这样做的根本目的是维护证券市场全部参与主体的整体自由。

其二，促进证券行业内金融机构依法经营、公平竞争，提高市场效率。证券监管权通过规范和约束证券市场中介机构的行为来为金融活动提供更为安全、可靠的市场参与环境，以此要求中介机构遵循合法经营的原则，扮演好"监管看门人"的角色，防范市场中以及彼此之间的恶性竞争。另外，通过设立相关机构的合规内审机制为证券市场提供统一规则，降低企业成本，有效实施金融政策。

其三，维护证券市场秩序。作为金融市场的一分子，证券市场秩序被破坏不仅会使市场内投资者、存款者的利益受到严重影响，而且有可能导致银行等金融机构的资金永久性流失，从而进一步波及其他市场的正常秩序，给国民经济及社会稳定带来消极后果，破坏对社会公共利益的平稳维护。因此，化解流动性危机、维护证券市场秩序，理应作为设立证券监管权的目标，通过经严格审查而设立的科学经营手段来降低系统性风险的发生概率，保障社会总体经济发展的一致性、连续性及相容性。

（二）理论指导

证券监管权的基本原则是支撑其产生、发展和完善的重要理论来源。证券监管权的基本原则是对全部证券监管法律规范起统率作用的基本准则，它贯穿于证券监管法的始终。证券监管法的基本原则包括依法管理、保护投资者利益、"三公"原则和政府集中统一监管与行业自律监管有机结合等。

第一，依法管理原则，是指证券市场监管部门必须加强法制建设，明确划分各方面的权利与义务，保护市场参与者的合法权益，即证券市场管理必须有充分的法律依据和法律保障。

第二，保护投资者利益原则。由于投资者是拿出自己的收入来购买证券，且大多数投资者缺乏证券投资的专业知识和技巧，所以只有在证券市场管理中采取相应措施，使投资者得到公平的对待，维护其合法权益，才能更有力地促使人们增加投资。

第三，"三公"原则，即公开、公平、公正原则。公开原则，即证券市场应具有较高的透明度，要实现市场信息的公开化。信息披露的主体不仅包括证券发行人、证券交易者，还包括证券监管者。因此，要保障市场的透明度，除了证券发行人需要公开影响证券价格的企业情况的详细说明外，监管者还应当公开有关监管程序、监管身份、对证券市场违规处罚等内容。公平原则，即证券市场不应存在歧视，参与市场的主体具有完全平等的权利。具体而言，无论是投资者还是筹资者，无论是监管者还是被监管者，也无论其投资规模与筹资规模的大小，只要是市场主体，其在进入与退出市场、投资机会、享受服务、获取信息等方面都享有完全平等的权利。公正原则，即证券监管部门应在公开、公平原则的基础上，对一切被监管对象给予公正待遇。根据公正原则，证券立法机构应当制定体现公平精神的法律法规和政策，证券监管部门应当根据法律授予的权限履行监管职责，要在法律的基础上，对一切证券市场参与者给予公正的待遇；对证券违法行为的处罚、对证券纠纷事件和争议的处理，都应当公平进行。

第四，政府集中统一监管与行业自律监管有机结合的原则。根据这一原则，中国证监会是国家对证券市场实行集中统一监管的唯一的政府机构，它可以根据需要设立派出机构，各地方证券监管机构由中国证监会直接领导，与各地方政府不存在隶属关系。与此同时，政府的集中统一监管还需要与证券市场行业自律监管有机地结合起来。自律监管机构功能的充分发挥，一方面可以减轻政府对证券业的日常监管工作负担，另一方面则可以为政府监管机构提供各种信息和建议，从而使自律监管机构起到政府和证券经营机构之间的桥梁和纽带作用。

第三节　证券监管权的内容与证券监管体制

一　证券监管权的内容

（一）证券监管权性质

1. 公权力

证券监管权的公法权力的直接来源是法律授权，如《证券法》中明确了中国证监会是对证券市场的经营活动进行监督管理的法定机关，以及它具体可以行使的权力与履行的职责，如调查处罚等权力，因此中国证监会的证券监管权的性质为公法权力。

2. 社会自治权力

证券监管中不仅有行政监管，还包含自律组织管理，如证券业协会、证券交易所等主体。这些自律组织的管理相较于公权力性质的监管而言更具针对性、灵活性、直接性，且由于其与监管对象之间存在因信赖而建立的合作伙伴关系，其对于监管对象的要求往往会高于行政监管的法定标准，监管效果在某些方面会优于行政监管。整体来说，我国证券自律管理组织的自身意志较少地体现在现有的证券监管权体系中，取而代之的是遵照证监会的意志（即决策），故而我国证券监管权实际上更具有公权力的色彩。

（二）证券监管权形式

1. 规则制定权

规则制定权是指监管主体在授权范围内制定法规、规章等规则的权利，它的权力来源包括宪法、单行法律和法规等。法律条文规定高度精炼，但是监管主体需要根据市场出现的具体变化做出相关决定，所以当找不到相关依据时，就需要监管主体制定规章并将其作为监管理论来源。这些监管依据包括但不限于证监会制定的规章和规范性文件、证券交易所制定的相关规则等，此外在实务中证监会遇到紧急情况时制定的窗口指导文件由于涉及证券发行条件等对证券市场影响重大的内容，其往往也被视作监管依据。

2. 市场准入权

市场准入权是指监管主体经过审查认定特定对象的资质后准许其进入证券市场进行某种经营活动的权力。按照市场主体的不同，市场准入权可以分为发行人准入权、投资者准入权、从业人员准入权、机构准入权。

按照活动阶段的不同，市场准入权可以分为发行准入权、上市准入权、交易准入权。其中发行准入权又包含证券发行条件、程序，以及证券承销商、保荐机构及其从业人员的资格认定等；上市准入权包含证券上市条件、退市条件等；交易准入权包含证券、证券投资者、中介机构、从业人员的资质认定等内容。

3. 违法追究权

违法追究权是指监管主体监督证券市场参与主体的日常活动以及对发现的违法行为进行稽查追究的权力，一般包括调查权等内容。一方面，对证券市场中的日常活动进行监管主要包括实时监控、现场检查，以及要求市场主体提交专项自查报告、报送相关信息等，以达到及时发现和防范市场风险的目的。另一方面，如果证券市场不当行为或违法行为已发生，监管主体将进行进一步的稽查活动，通过进入涉嫌违法场所调查取证、询问相关机构及人员、查阅封存相关资料等行使其调查权。

4. 强制处罚权

强制处罚权是指监管主体对于违法行为采取强制措施的权力。比如在稽查过程中查封、冻结相关机构及人员的账户，通知出入境管理部门限制相关人员出境，限制被调查者市场活动行为；在日常监管中要求被检查对象进行改正，如限制业务活动、责令暂停业务、限制转让财产、责令更换人员、责令转让股权或限制股东权利等等。

此外，监管主体可依法对证券市场不当行为作出行政处罚，比如警告、罚款、市场禁入等等。

二　证券监管体制

（一）证监会

中国证监会为国务院直属正部级事业单位，依照法律法规和国务院授权，统一监督管理全国证券期货市场，维护证券期货市场秩序，保障其合法运行。

中国证监会设在北京，现设主席 1 名，副主席 4 名，驻证监会纪检监察组组长 1 名；会机关内设 20 个职能部门，1 个稽查总队，3 个中心。目前中国证监会还设有股票发行审核委员会等，委员由中国证监会专业人员和所聘请的会外有关专家担任。中国证监会在省、自治区、直辖市和计划单列市设立 36 个证券监管局，以及上海、深圳证券监管专员办事处。

1. 职权

依据有关法律法规，中国证监会在对证券市场实施监督管理过程中履行下列职责：①研究和拟订证券期货市场的方针政策、发展规划；起草证券期货市场的有关法律、法规，提出制定和修改的建议；制定有关证券期货市场监管的规章、规则和办法；②垂直领导全国证券期货监管机构，对证券期货市场实行集中统一监管；管理有关证券公司的领导班子和领导成员；③监管股票、可转换债券、证券公司债券和国务院确定由证监会负责的债券及其他证券的发行、上市、交易、托管和结算；监管证券投资基金活动；批准企业债券的上市；监管上市国债和企业债券的交易活动；④监管上市公司及其按法律法规必须履行有关义务的股东的证券市场行为；⑤监管境内期货合约的上市、交易和结算；按规定监管境内机构从事境外期货业务；⑥管理证券期货交易所；按规定管理证券期货交易所的高级管理人员；归口管理证券业、期货业协会；⑦监管证券期货经营机构、证券投资基金管理公司、证券登记结算公司、期货结算机构、证券期货投资咨询机构、证券资信评级机构；审批基金托管机构的资格并监管其基金托管业务；制定有关机构高级管理人员任职资格的管理办法并组织实施；指导中国证券业、期货业协会开展证券期货从业人员资格管理工作；⑧监管境内企业直接或间接到境外发行股票、上市以及在境外上市的公司到境外发行可转换债券；监管境内证券、期货经营机构到境外设立证券、期货机构；监管境外机构到境内设立证券、期货机构，从事证券、期货业务；⑨监管证券期货信息传播活动，负责证券期货市场的统计与信息资源管理；⑩会同有关部门审批会计师事务所、资产评估机构及其成员从事证券期货中介业务的资格，并监管律师事务所、律师及有资格的会计师事务所、资产评估机构及其成员从事证券期货相关业务的活动；⑪依法对证券期货违法违规行为进行调查、处罚；⑫归口管理证券期货行业的对外交往和国际合作事务；⑬承办国务院交办的其他事项。

2. 机构设置

证监会设立主席 1 名，下设副主席 4 名，以及驻证监会纪检监察组组长 1 名。其下设机构分别是：稽查总队、研究中心、信息中心等直属事业单位；办公厅、发行监管部、非上市公众公司监管部等 20 个内部职能部门；北京证监局、天津证监局、上海证券监管专员办事处、深圳证券监管专员办事处等 38 个派出机构。

3. 主要职能部门

办公厅负责拟订会机关办公规章制度；组织协调会机关的日常工

作；承担有关文件的起草、修改；负责会公文审核、文件档案管理、值班、信访、保密、保卫、新闻发布、信息综合、机关财务和会重要会议的组织工作；承办会党委交办的有关工作；负责有关的证券公司监事会日常工作。市场监管部负责证券市场基础设施规划，交易、结算监管，市场信息统计与分析，跨市场风险监控和系统性风险防范与应对处置，监管信息系统需求管理与维护，牵头处理金融危机应对小组涉及证监会相关任务等工作；对场外市场重点领域进行综合风险研判分析，私募投资基金规则制定和监管，对地方政府开展区域性股权市场监管工作的指导、协调和监督，打击非法证券期货活动，清理整顿各类交易场所等。依据旧《证券法》第二十二条的规定，国务院证券监督管理机构设发行审核委员会，依法审核股票发行申请。发行审核委员会制度运行至今，在吸收证监会以外的专家参与审核工作，发挥专家把关功能，从源头上提高公司质量，强化对发行审核工作的监督，提高发行审核工作的公信力方面发挥了重要作用。但是，随着形势变化，发行审核委员会制度也需要进一步予以完善。前期在公开征求市场意见后，证监会吸收了市场的有益建议，尤其在严把审核信息披露质量关、进一步规范审核权力运行机制和防范权力寻租等方面，从体制机制和组织架构方面进行了优化。

行政处罚委员会制定证券期货违法违规认定规则，审理稽查部门移交的案件，依照法定程序主持听证，拟订行政处罚意见。发行监管部拟订在境内发行股票并上市的规则、实施细则，以及发行可转换公司债券的规则、实施细则；审核在境内首次公开发行股票的申请文件并监管其发行上市活动；审核上市公司在境内发行股票、可转换公司债券的申请文件并监管其发行上市活动等。行政处罚委员会和发行监管部也是中国证监会最为重要的两个职能部门。

在中国证监会直属事业单位中，研究中心研究草拟资本市场中长期发展战略和规划；对资本市场发展、运行和监管工作中遇到的重大问题进行调查研究，为监管决策提供支持；为草拟资本市场法规规章、政策措施或具体监管工作提供咨询意见；中国证监会交办的其他工作。

信息中心负责研究、草拟证券期货业信息化发展规划；协调管理证券期货业网络与信息安全保障工作；协调管理证券期货业标准化工作，联络国家相关标准化管理机构及国际标准化组织；负责证券期货业科技管理；规划建设证券期货监管业务应用系统；建设和管理证监会互联网站及资讯系统，负责证券期货业信息资源开发利用的指导与推进；负责证监会计算机局域网、广域网以及公共应用系统的建设、运行与维护，管理机房，保障网络和信息安全，负责会机关电子类办公设备的固定资产管理工作；为证券期货监管相关业务工作提供技术支持；负责管理证监会图书馆；指导派出机构的信息化工作；承办会领导交办的其他工作。

行政中心根据证监会后勤业务发展的总体要求，研究、制定其发展的规划、目标和措施并组织实施；负责为证监会机关办公提供服务保障，为机关职工和离退休人员提供生活服务；负责证监会国有资产的管理和经营，保证国有资产的合理配置和利用，保证经营性国有资产的保值和增值；负责指定范围的外事接待服务、国际会议、国内会议以及各省市来京联系工作人员的接待工作；承担办公厅、国际合作部、人事教育部划转的保卫、有关文件资料的印送、外事服务及文秘人员的招聘与管理等职能；证监会规定的其他职能，并按规定在保障机关办公服务的前提下对外开展社会化服务。

稽查总队负责制定证券期货执法的法规、规章和规则，统一处理各类违法违规线索；组织非正式调查；办理立案、撤案等事宜；组织重大案件查办；协调、指导、督导案件调查及相关工作；复核案件调查报告；统一负责案情发布；协调跨境案件的办理；组织行业反洗钱工作；办理稽查边控、查封、冻结等强制手续。

（二）各地证监局

中国证券监督管理委员会在省、自治区、直辖市和计划单列市设立证监局，作为中国证券监督管理委员会的派出机构。各地证监局根据中国证券监督管理委员会的授权，对辖区内的上市公司，证券、期货经营机构，证券、期货投资咨询机构和从事证券工作的律师事务所、会计师事务所、资产评估机构等中介机构的证券、期货业务活动进行监督管理，以及查处监管辖区范围内的违法、违规案件。

具体而言，各地证监局主要承担本辖区的一线监管职责，并完成证监会系统的协作监管任务，具体包括以下四种。第一，对辖区有关市场主体实施日常监管；第二，防范和处置辖区有关市场风险；第三，对证券期货违法违规行为实施调查、作出行政处罚；第四，法律、行政法规规定和中国证监会授权的其他职责。

（三）上海证券交易所、深圳证券交易所

证券交易所是证券集中交易的场所，它是一种由专业人员组成的有组织的市场，一般的大宗证券买卖都在证券交易所内进行。自新中国成立以来，为了恢复经济的平稳健康发展，我国于1950年成立了天津证券交易所和北京证券交易所。随着经济的进一步恢复，我国在20世纪50年代先后撤销了这两个证券交易所，我国由此进入一段不存在证券交易所的时期。1990年11月26日，随着经济体制发生变革，国务院批准设立了上海证券交易所，并于同年12月19日正式开业。这是真正现代意义上的我国第一个证券交易所，它标志着我国的市场经济改革进入了重要的转折阶段。1991年4月11日，国务院又批准设立了深圳证券交易所，并于同年7月3日正式开业。目前，我国内地只有这两家证券交易所。

1. 特征

我国《证券法》第九十六条第一款规定："证券交易所、国务院批准的其他全国性证券交易场所为证券集中交易提供场所和设施，组织和监督证券交易，实行自律管理，依法登记，取得法人资格。"由此可见，证券交易所在设立上具备以下特征。

第一，证券交易所是具备法人资格的社会组织。这表明它是一般的社会组织，而不是国家机关；它是具有法人资格的组织，主要表现为具有独立的法人人格、独立的组织机构、独立的财产和独立的承担民事责任的能力。因此，将证券交易所定位为法人，就否定了其具有公权力组织的性质，虽然它是由国家出资设立的，但这并不能改变它的市场主体性质，证券交易所仍然应当接受政府监管机构的监督。

第二，证券交易所是实行自律管理的法人组织。绝大部分证券交易所自成立以来就采取自律管理的模式，这主要表现为：有关证券交易所的内部事务，应当由证券交易所内部根据章程进行处理，国家不应当干预；在证券交易过程中，应当由证券交易所对其会员的违规交易行为根据章程进行处罚。这正是其法人独立性的延伸表现。证券交易所应当接受国家的监管，但其具体事务应当由证券交易所自己决定。我国的证券交易所由于具有从计划经济向市场经济过渡时期的作为政府培育管理市场的工具的特殊性，所以相比于其他国家的证券交易所来说，自律管理的特性体现得并不明显，但随着《证券法》的修订，证券交易所的自律管理性能进一步凸显出来。

基于以上特点，证券交易所的组织形式大致可以分为两类：一类是会员制证券交易所，另一类是公司制证券交易所。

会员制证券交易所是由各证券商会员组成，不以营利为目的，费用由社团法人承担的证券交易所。其最高权力机关是会员大会，下设理事会。理事会的理事由全体会员选举产生，其中也有代表公众利益的非会员理事。其优点是交易佣金和上市费用较低；缺点是由于这类证券交易所的会员本身也能参与证券交易，所以很难规避交易的不公平性。

公司制证券交易所是以营利为目的的公司组织，其提供交易场地和服务设施及员工，便于证券商的交易。其最高权力机关为股东大会，一般由证券公司、银行等组成。通过股东大会选举董事，由此组成下设机构董事会。此外还需在股东大会中选任监察人，负责实时监管公司业务、财务进展。其优点是股东不直接参与证券买卖，且交易所的高级职员不能由股东担任，这在一定程度上保证了交易的公平性；缺点是其收入主要来自证券交易中抽取的佣金，所以它可能会恶意制造证券投机，扰乱市场秩序，证券买卖双方为了逃避高额佣金就有可能在场外交易市场交易上市证券。

2. 职能

证券交易所为了满足证券市场的需要，在整个证券市场交易过程中主要发挥着服务和监管两个方面的职能。

（1）证券交易所的服务职能

向交易各方主体提供交易服务，是证券交易所最基本、最重要的职能。一般来说，该服务职能包括三个方面。

第一，为投资者及上市公司提供交易场所。有形市场是证券市场的主要模式，因此，必要的场地和设施是进行证券交易的必备条件。虽然无形市场在逐渐发展并逐渐取代有形市场的地位，但证券交易仍然需要依靠证券交易所提供一定的基础设施和通信条件。

第二，提供价格信息。证券价格是证券市场中最为重要的基本信息，它是市场主体之间进行交易决策的主要依据。证券交易所的出现，改变了一般市场分散交易的模式，将投资者和证券商集中在证券交易所提供的场所内进行集中交易，从而能够将价格信息收集并快速传递给市场主体，大大降低信息成本。虽然证券交易所提供的价格信息和真实的市场供求关系不能完全对应，但其已经最大限度地为市场提供了至少可以说是可靠的、可供参考的、最接近真实的价格信息。

第三，帮助交易及"售后"。在证券交易所内，在同一时间会有很多的买方和卖方报出交易价格，这时证券交易所就会凭借互联网及计算机功能来根据交易规则撮合双方交易，买卖双方的指令进入证券交易所的主机之后，主机就会按照价格优先和时间优先的原则来促成交易。在一些证券交易中，证券交易所还需要负责买卖双方的清算，通知、督促买卖双方提供证券或者货币以完成交易。

（2）证券交易所的监管职能

在证券交易所产生和发展的早期，其一般只具有服务职能。但随着市场经济的不断发展，证券市场不当行为层出不穷，广大投资者利益受到不同程度的损失和威胁，所以为了维护市场主体的利益，证券交易所开始要求上市公司公开财务信息，并对其资本结构、投票权、信息披露等事项进行监管。其监管一般包括中介机构准入审查、证券上市审核、交易行为监督和违规行为惩戒等方面。

3. 设立条件

根据法律规定，证券交易所的设立必须具备以下因素：名称；会员；注册资本；章程；组织机构；场所和设施；管理人员和从业人员。

4. 组织机构

（1）会员大会

会员大会是证券交易所的最高权力机关，它是由全体会员组成的内部机构，为会员们行使权利和自由表达意愿提供平台。

根据《证券法》以及证券交易所的相关章程规定，会员大会的设立具有如下特征。

第一，证券交易所会员大会是证券交易所的最高议事和决策机构。证券交易所共有决策和执行两个基本机关，由于其决策和执行是分效力地位的，所以会员大会是证券交易所的最高议事和决策机构。下文介绍的理事会和专门委员会等机构的决策和执行的地位都次于会员大会。

第二，证券交易所会员大会是最高权力机关。具体来说就是涉及证券交易所的重要事项都必须由会员大会来决定，例如证券交易所章程的修改和制定、理事的选举和罢免等事项。这一特征也正是由会员的地位、权利和证券交易所的性质决定的。

第三，证券交易所会员大会是法定内部机关，区别于任意设立的机构。基于保护会员利益和保障证券市场交易有序进行的原则，我国规定会员大会基于法律而非章程或协议设立。

根据《证券交易所管理办法》和相关章程规定，会员大会具有以下法定职权：制定和修改证券交易所章程；选举和罢免会员理事、会员监事；审议和通过理事会、监事会和总经理的工作报告；审议和通过证券交易所的财务预算、决算报告；法律、行政法规、部门规章和证券交易所章程规定的其他重大事项。

议事规则是会员大会行使职权的程序性规定，也是保障会员权利的程序规范。总体来看，会员大会分为例会和临时会议。例会是每年一次的例行会议，由理事会负责召集。临时会议则在满足以下条件时召开：理事人数不足《证券交易所管理办法》规定的最低人数；1/3以上会员提议；理事会或者监事会认为必要。

另外，会员大会还要求有2/3以上会员出席，且其决议必须经出席会议的半数以上会员表决通过后方为有效。会员大会结束后十个工作日内，证券交易所应当将大会全部文件及有关情况向中国证监会报告。会员大会由理事会召集，由理事长主持，理事长因故不能履行职责时，由理事长指定的副理事长或者其他理事主持。

（2）理事会

理事会是由证券交易所会员大会依法选举或由证券监管机构委派的理事组成，是代表会员和政府行使决策权的内部机关。由于会员制证券交易所会员众多，所以为了解决活动不便、活动成本高、专业知识及能力欠缺等问题，理事会应运而生。

与证券交易所内其他组织相比，理事会有以下特点。

第一，理事会是证券交易所治理结构的核心。会员大会是非常设机关，其决策实际上受理事会的影响是很大的。总经理管理证券交易所的内外事务，其遵照的也是理事会的意志，且对理事会负责。各专门委员会则是理事会内设的机构，直接归属于理事会管辖。所以理事会可以说是治理结构的中枢。

第二，理事会是法定常设机构。作为常设机构，这是其与会员大会的根本区别。但其内部组成是有任期限制的，每一届理事会的任期是 3 年。根据《证券交易所管理办法》规定，理事会由全体理事组成，证券交易所理事会由 7～13 人组成，其中非会员理事人数不少于理事会成员总数的 1/3，不超过理事会成员总数的 1/2。会员理事由会员大会选举产生，非会员理事由中国证监会委派。理事会设理事长 1 人，副理事长 1～2 人。总经理应当是理事会成员。理事长是证券交易所的法定代表人。

根据《证券交易所管理办法》第二十二条规定，理事会是证券交易所的决策机构，行使下列职权：召集会员大会，并向会员大会报告工作；执行会员大会的决议；审定总经理提出的工作计划；审定总经理提出的年度财务预算、决算方案；审定对会员的接纳和退出；审定取消会员资格的纪律处分；审定证券交易所业务规则；审定证券交易所上市新的证券交易品种或者对现有上市证券交易品种作出较大调整；审定证券交易所收费项目、收费标准及收费调整程序；审定证券交易所重大财务管理事项；审定证券交易所重大风险管理和处置事项，管理证券交易所风险基金；审定重大投资者教育和保护工作事项；决定高级管理人员的聘任、解聘及薪酬事项，但中国证监会任免的除外；会员大会授予和证券交易所章程规定的其他职权。

理事会会议至少每季度召开一次。会议须有 2/3 以上理事出席，其决议应当经出席会议的 2/3 以上理事表决同意后方为有效。理事会决议应当在会议结束后两个工作日内向中国证监会报告。

（3）总经理室

总经理室是负责证券交易所日常工作事务的机构，根据《证券交易所管理办法》，总经理每届任期是 3 年，且不能连任超过 2 届。

总经理室是由国务院证券监督管理机构任免的必设机关。总经理室可以设置 3 人以内的副总经理，总经理因故不能履行职责时，由总经理指定的副总经理临时代为履行职责，且不论是总经理还是副总经理，都不能由国家公务员兼任。

（4）监事会

监事会是证券交易所的监督机构，专门负责对证券交易所的业务运行和财务状况进行监督。监事会设监事长 1 人。监事长负责召集和主持监事会会议。监事长因故不能履行职责时，由监事长指定的专职监事或者其他监事代为履行职责。监事会人员不得少于 5 名，其中会员监事不得少于 2 名，职工监事不得少于 2 名，专职监事不得少于 1 名。

监事会至少每六个月召开一次会议。监事长、1/3 以上监事可以提议召开临时监事会会议。监事会决议应当经半数以上监事通过。监事会决议应当在会议结束后两个工作日内向中国证监会报告。监事的每届任期为 3 年，会员监事由会员大会选举产生，职工监事由职工大会、职工代表大会或者其他形式的民主选举产生，专职监事由中国证监会委派。证券交易所理事、高级管理人员不得兼任监事。

根据《证券交易所管理办法》，监事会可行使下列职权：检查证券交易所财务；检查证券交易所风险基金的使用和管理；监督证券交易所理事、高级管理人员执行职务行为；监督证券交易所遵守法律、行政法规、部门规章和证券交易所章程、协议、业务规则以及风险预防与控制的情况；当理事、高级管理人员的行为损害证券交易所利益时，要求理事、高级管理人员予以纠正；提议召开临时会员大会；提议召开临时理事会；向会员大会提出提案；会员大会授予和证券交易所章程规定的其他职权。

此外，理事会、监事会根据需要可以设立专门委员会。各专门委员会的职责、任期和人员组成等事项，由证券交易所章程具体规定。各专门委员会的经费应当纳入证券交易所的预算。

第四节 证券监管权的配置

一 证券监管权的配置模式

能够有效运行的证券监管体制应是政府监管与自律管理的有机结合，这是世界市场经济成熟国家证券监管的历史实践及经验的共同指向。从世界范围内来看，证券监管权的配置模式主要有三种：政府主导型监管模式、市场自律型监管模式和合作型监管模式。

（一）政府主导型监管模式

政府主导型监管模式是国家为了达到证券市场的集中监管目的，通过制定相关的法律法规、政策，并设立相应的证券监督管理机构履行其职能的模式。在政府主导的监管下，国家力量居于监管体系的主导地位，能够实现证券市场的他律性、集中性监管，而诸如证券交易所、证券业协会这样的市场组织所发挥的仅是辅助作用，地位相对次之。

（二）市场自律型监管模式

市场自律型监管模式强调市场的自律监督管理，它是由证券市场参与者通过设立自律性组织，制定并遵守自身的业务制度，同时承担规则制定者和裁判者的职责。自律监管主要依靠证券交易所、证券业协会等市场主体制定规定并监督执行，从而达到维护市场自由运行的目的。在这种模式下，证券监管机构一般不会介入，证券市场中的不法行为也由相应的行业自律主体来监督和处罚。

在我国证券市场中，这样的自律监管组织包括证券交易所和证券业协会两类，它们都承担着一定的监管职责，但由于我国主要实行的是政府监管模式，所以它们的作用相对于国务院证券监督管理机构而言是辅助性的。

（三）合作型监管模式

合作型监管模式又称"中间型模式"，它是指既发挥政府监管的效能，又不轻视自律监管作用的监管模式，对这两种监管模式融合吸收、去粗存精，促成一种中立融汇的形态。在这种模式的监管下，证券市场的监督主体更为多元，由国家力量和"看不见的手"共同发挥作用，维护市场稳定发展。

二　我国证券监管模式分析

我国证券市场监管模式目前属于政府主导型监管，同时注重发挥自律监管的作用。中国证监会作为证券监督管理机构，具有国家赋予的监督管理职能。从实务角度来看，证监会可以监管绝大部分市场主体的几乎全部证券市场行为，例如证券的发行、上市、交易、登记等活动的监管，都由证监会掌控。依照《证券法》的相关规定，证监会还可以制定证券业务规范并监督其实施状况，对发现的违法行为有权进行查处等。

在政府监管居于主导地位的同时，证券交易所和证券业协会积极发挥自律监管的职能，根据法律法规和相关规范性文件的授权，实行自律监管。总体来看，市场主体享有的监管权目前在我国并未形成完整的体系，而是零散地分布在法律法规或证监会规章中。"法无明文规定不可为"，这说明实际上市场主体只享有较小的监管权。此外，证监会对于市场主体的自律监管享有终局地位的监督权，它可以在不同阶段、不同方面干预市场主体的行为，如证券交易所的经营和监管活动。同时，对于证券交易所的人事任免，证监会也掌握着相应的控制权，可以决定证券交易所人员的去留，这实际上更加限制了自律监管发挥作用的空间。

这种证券监管权高度集中于政府手中的监管模式在达到宏观控制证券市场目的的同时，权力分配失衡也会产生一定问题，例如，对中国证监会和相应的自律监管机构有不当认识。对于中国证监会来说，其发挥监管权的定位本应是规划引导证券市场发展、管理监控证券市场的重大事项、处理重大证券市场违法行为，而那些相对具体细微的日常监管事项则应交由自律监管机构进行监管。但目前而言，证监会的监管范围却过于宽泛，事无巨细地全方位监管证券市场，既重视宏观调控，比如制定相关规则、处罚重大违法行为等；又处理具体事项，比如监管上市公司的信息披露等工作。这样宽泛而不精确的监管势必会让监管的效率低下、效果不佳。这样的监管权力的配置同时也让证券交易所等自律监管机构沦为中国证监会的附属执行机构。目前，自律监管机构的证券监管基本上只拥有法定的和证监会授予或委托的权限，能真正掌握的监管权实际上很小。前文中也提到交易所的人事任免受证监会影响，所以自律监管机构在实践中几乎沦为了证监会的附属执行机构。

第五节　风险提示与实务要点

在我国改革开放初期，强化政府管理和集中管理的力量是历史原因所决定的。我国证券监管权配置现状的改革应实现从政府主导型监管模式到合作型监管模式的转变，在保留政府监管者广泛监管权的同时充分利用自律监管机构的监督资源及其优势，通过监管权重新配置形成符合证券市场现状的高效监管。

一 健全完善证券市场法律制度

中外市场经济的实践证明，市场经济的发展需要法治保障。证券市场作为市场经济的组成部分，健全市场规则是证券市场得以生存和健康发展的保障。当前我国证券市场违法行为屡禁不止，出现这些现象既有执法不严的因素，也与没有筑牢织密法律保护网有很大关系。因此，主管部门应切实履行职责，加强调查研究，广泛听取各方意见，推动立法机关加快《证券法》等法律法规的修订步伐，加大对证券市场违法犯罪行为的打击力度，提高违法成本。加强对现行有关证券法规的立、改、废、释，使证券市场各项工作的运行制度更符合实际情况，使市场参与者有畏知止、崇法守法。

二 对证监会和自律监管机构监管职能再定位

目前我国监管模式是由证监会主导的，自律监管机构沦为证监会的附属执行机构。但证券交易所等自律监管机构对证券市场的监管实际上会比政府监管的标准更严格。基于会员之间的协议，自律监管机构实际上会制定高于法律规定的附加道德力的标准，因此完全可以胜任对证券市场的第一线监管、具体监管工作。具体来说，证监会应当起到领头羊的作用，定位于制定规章、监管自律监管机构、处罚重大违法行为等重大职能，在宏观层面控制证券市场大的监管方向；而那些具体的日常监管工作则可以由自律监管机构负责执行。当自律监管机构因利益冲突等而无法实现具体监管时，再由证监会出面，依据证券市场监管目标进行相应处理，进而维护国家经济宏观高效运转。

三 充分发挥自律监管的作用

自律监管机构应当受到政府监督，但这种监督并不是所谓的上下级隶属关系的监督，而是仅限于监管，如果做到以下两方面的工作，就可以充分发挥自律监管的作用。

一是要实行行政监管机关对自律监管机构制定的自律规则的监管。自律监管机构制定的自律规则需要报证监会批准或备案。二是要实行行政监管机关对自律监管机构行使自律监管权的监管。当自律监管机构违反法律法规时，行政监管机关有权依法纠正并处罚。

因此，我国应在立法层面上确认自律监管机构具有独立地位和自治地位，享有独立的权利、行为能力、责任能力；在监管实践中应尊重自律监管，使自律监管机构摆脱其作为行政监管附属执行机构的弱势地位。

四 加强证券违法犯罪的预防工作

针对证券经营机构及其从业人员法制观念淡薄的现状，要着力做好以下工作：一是加强证券经营机构员工职业道德教育，特别是高管人员的思想道德、廉政教育和证券法制教育，构筑预防证券犯罪的思想防线；二是要完善公司内部制度，实行重要岗位轮换，建立专门稽核部门，形成机构内部稽核与监管机关稽查有效衔接的防范证券违法犯罪新机制。

第三章　证券监管措施及其法律定位

第一节　证券监管措施概述

证券监管措施并非一个专门的法律术语，在不同的著作论文中学者们在不同的意义范围内使用"证券监管措施"这一词语。有学者认为，证券监管措施，也即证券期货市场监督管理措施，是指我国证券监督管理机构为发展和规范证券期货市场，保护投资者的合法权益，维护社会经济秩序和社会公共利益，针对证券期货市场各类主体存在的各类违法或不当行为，依法采取的监督管理措施的总称。[①] 有学者将证券监管措施等同于旧《证券法》第一百八十条规定的证券监督管理机构在依法履行职责时有权采取的七项措施。[②] 本书认为，证券监管措施应当包括监管机构为履行监管职责，在调查工作完成后对证券违法行为施加的非行政处罚性监管措施。

我国最早的证券监管措施出现在中国证监会 1999 年 4 月 22 日颁布的行政规章《外国证券类机构驻华代表机构管理办法》（以下简称《办法》）中，《办法》第二十四条规定了"证监会有权要求其外国证券类机构更换首席代表"，第二十五条和第二十七条规定了责令限

---

① 张红:《证券监管措施:挑战与应对》,《政法论坛》2015 年第 4 期, 第 129 页。
② 吴弘主编《证券法教程（第二版）》, 北京大学出版社, 2017, 第 349 ~ 350 页。

期补报。直至 2005 年 10 月，修订的《证券法》首次在法律层面规定
了几类监管措施，该《证券法》第一百五十三条规定"证券公司违
法经营或者出现重大风险，严重危害证券市场秩序、损害投资者利益
的，国务院证券监督管理机构可以对该证券公司采取责令停业整顿、
指定其他机构托管、接管或者撤销等监管措施"。此外，在数年间其
他行政法规、部门规章规定了多样的监管措施，据统计，我国证券监
管措施达到了上百种。[①] 2008 年中国证监会颁布的《证券期货市场监
督管理措施实施办法（试行）》明确只有法律、行政法规以及中国证
监会规章可以规定监管措施，中国证监会规章以外的规范性文件不得
设定监管措施。

第二节　证券监管调查

一　监管调查的法律规范

监管调查是对证券市场进行正确有效监管的中心环节，只有严格
依据调查程序，采取合法有效的监管调查措施，才能获得准确、真实
的证据，成为做出正确合法监管措施或处罚决定的基本保证。

《证券法》第一百七十条规定了证券监管机构在调查处理有关事
项时有权采取的措施，包括现场检查及调查取证措施。其中，冻结、
查封账户及限制买卖的措施借鉴了美国监管模式以及美国证券交易委
员会所拥有的准司法权力，是带有准司法性质的强制取证措施。[②]

对于监督检查或调查过程中应当遵循的规范，《证券法》第一百
七十二、一百七十三条及一百七十九条做出规定：国务院证券监督管

---

① 张红：《证券监管措施：挑战与应对》，《政法论坛》2015 年第 4 期，第 133 页。
② 禄正平：《证券法学》，商务印书馆，2018，第 453 页。

理机构依法履行职责，进行监督检查或者调查，其监督检查、调查的人员不得少于二人，并应当出示合法证件和监督检查、调查通知书或者其他执法文书。监督检查、调查的人员少于二人或者未出示合法证件和监督检查、调查通知书或者其他执法文书的，被检查、调查的单位和个人有权拒绝。国务院证券监督管理机构依法履行职责，被检查、调查的单位和个人应当配合，如实提供有关文件和资料，不得拒绝、阻碍和隐瞒。国务院证券监督管理机构工作人员必须忠于职守、依法办事、公正廉洁，不得利用职务便利牟取不正当利益，不得泄露所知悉的有关单位和个人的商业秘密。

二　监管调查的机构

中国证监会下设派出机构包括 36 个证监局及上海、深圳 2 处证券监管专员办事处。中国证监会对派出机构实行垂直领导、统一管理，派出机构直接对中国证监会负责，按照授权履行监督管理职责。

中国证监会在天津、沈阳、上海、济南、武汉、广州、深圳、成都、西安等地设有 9 个稽查局，简称"九个大区局"，除其他职责外，在监管调查方面，负责组织、领导大区内证券期货违法违规案件的调查；对辖区内证券期货违法违规案件和中国证监会交办的案件进行调查，提出处理意见和依据授权进行处理；协助有关部门调查涉及证券期货的违法违规案件。

中国证监会及其派出机构调查部门负责对证券期货违法违规案件进行调查。稽查一局负责组织、协调、督导、检查派出机构的案件调查，系统交办案件，统一调配资源，指导实施调查，复核调查结果。派出机构负责对辖区内证券期货违法违规案件以及中国证监会相关职能部门交办的案件或者事项进行调查，包括中国证监会相关职能部门交办的境外机构请求协助调查的案件或事项。派出机构负责办理中国证监会稽查总队、中国证监会证券监管专员办事处及其他派出机构等请求协助调查的事项。①

为加大对证券期货市场的稽查执法力度，规范委托调查行为，维护公开、公平、公正的市场秩序，维护投资者权益，促进资本市场健康发展，2014 年中国证监会第 60 次主席办公会议审议通过《中国证监会委托上海、深圳证券交易所实施案件调查试点工作规定》，规定中国证监会可依法委托上海、深圳证券交易所对部分涉嫌欺诈发行、内幕交易、操纵市场、虚假陈述等违法行为实施调查取证；采用一事一委托的方式，委托交易所对涉嫌重大、新型、跨市场等特定违法行为实施调查取证。

三　调查手段和程序

（一）调查手段

《证券法》第一百七十条规定："国务院证券监督管理机构依法履行职责，有权采取下列措施：

（一）对证券发行人、证券公司、证券服务机构、证券交易场所、证券登记结算机构进行现场检查；

（二）进入涉嫌违法行为发生场所调查取证；

（三）询问当事人和与被调查事件有关的单位和个人，要求其对与被调查事件有关的事项作出说明；或者要求其按照指定的方式报送与被调查事件有关的文件和资料；

（四）查阅、复制与被调查事件有关的财产权登记、通讯记录等文件和资料；

（五）查阅、复制当事人和与被调查事件有关的单位和个人的证券交易记录、登记过户记录、财务会计资料及其他相关文件和资料；对可能被转移、隐匿或者毁损的文件和资料，可以予以封存、扣押；

---

① 《中国证监会派出机构监管职责规定》第二十五条、二十六条。

（六）查询当事人和与被调查事件有关的单位和个人的资金账户、证券账户、银行账户以及其他具有支付、托管、结算等功能的账户信息，可以对有关文件和资料进行复制；对有证据证明已经或者可能转移或者隐匿违法资金、证券等涉案财产或者隐匿、伪造、毁损重要证据的，经国务院证券监督管理机构主要负责人或者其授权的其他负责人批准，可以冻结或者查封，期限为六个月；因特殊原因需要延长的，每次延长期限不得超过三个月，冻结、查封期限最长不得超过二年；

（七）在调查操纵证券市场、内幕交易等重大证券违法行为时，经国务院证券监督管理机构主要负责人或者其授权的其他负责人批准，可以限制被调查的当事人的证券买卖，但限制的期限不得超过三个月；案情复杂的，可以延长三个月；

（八）通知出境入境管理机关依法阻止涉嫌违法人员、涉嫌违法单位的主管人员和其他直接责任人员出境。

为防范证券市场风险，维护市场秩序，国务院证券监督管理机构可以采取责令改正、监管谈话、出具警示函等措施。"

与旧《证券法》第一百八十条相比，本次修订体现在以下几个方面。第一，删去重复性规定。第一百八十条第一款第（一）项删去对上市公司、证券投资基金管理公司进行现场检查的规定。证券发行人的概念范围当然已经包含上市公司，在规定对证券发行人进行现场检查的前提下，无须再单独强调上市公司。《中华人民共和国证券基金投资法》（以下简称《证券基金投资法》）第一百一十四条已规定，"国务院证券监督管理机构依法履行职责，有权采取下列措施：（一）对基金管理人、基金托管人、基金服务机构进行现场检查，并要求其报送有关的业务资料……"为与《证券基金投资法》相衔接，本条删除了对证券投资基金进行现场检查的规定。第二，增加规定——监管机构可以要求当事人和与被调查事件有关的单位和个人按照指定的方式报送与被调查事件有关的文件和资料，扩大了监管措施权限，增强了监管执法效能。第三，赋予监管机构对调查中可能被转移、隐匿或者毁损的文件和资料予以扣押的权限，相较于封存手段能够更加有效地固定文件资料。第四，扩大监管机构查询调查的账户信息范围，结合实践发展将其他具有支付、托管、结算等功能的账户信息也纳入查询范围。第五，增加规定——冻结与查封证券账户的首个期限为六个月，因案情复杂、调查困难等特殊原因需要延长期限每次延期不得超过三个月，最长期限为两年，并将冻结、查封以及限制被调查当事人证券买卖的批准权行使主体扩大到监管机构授权的其他负责人。第六，延长了限制被调查当事人证券买卖的期限。旧《证券法》规定："限制的期限不得超过十五个交易日；案情复杂的，可以延长十五个交易日。"现将限制期限与延长期限均延长至三个月，加大了对重大证券违法行为被调查当事人证券买卖的限制力度。第七，增加通知出入境管理机关限制当事人出境的规定。第八，增加本条第二款，为防范风险、维护秩序，监管机构可就具体问题而采取责令改正、监管谈话、出具警示函等措施。相较于行政处罚作为事后监管，行政监管措施有利于实现动态监管，在违法违规行为对证券市场造成更大不利后果前使其及时得到阻止、惩戒与矫正。

（二）调查程序

1. 线索受理

证券违法违规行为的线索主要来自公众举报、媒体报道、中国证监会及其派出机构各职能部门通过日常监管发现的以及证券交易所的报告。[①] 公众举报人可以通过证券期货违法线索网络举报系统、信函方式，向中国证监会证券期货违法违规行为举报中心或各地证监局举报有关单位或个人涉嫌违反证券期货法律和行政法规的行为。

---

① 杨兆全：《证券监管实务：行政执法流程、热点难点问题及典型案例指引》，法律出版社，2017，第 39 页。

2. 线索分配

举报中心负责处理可以作为稽查案件调查线索的举报，对于符合举报条件的稽查案件调查线索，予以登记；对于其他材料，按规定转交中国证监会相关部门处理，相关部门可以按照职责分工转交证监局、交易所等单位处理。对于经登记的举报，中国证监会综合监管执法情况决定是否启动调查。

3. 线索初查

对线索进行初查不属于对证券违法违规案件正式的监管立案调查程序。证券监管奉行审慎监管原则，一旦正式的书面立案调查通知送达涉嫌证券违法违规行为的机构和人员，被立案调查的机构应当立即公告，对相关机构的声誉和经营将产生一定负面影响，因此正式立案调查之前要求监管机构应当初步掌握其违法违规行为证据。

线索初查是立案调查的前置程序，监管机构可以采用《证券法》第一百七十条规定的诸项调查措施对掌握的线索进行调查核实。如针对举报人举报的线索材料，调查机构经核查后未发现被举报人存在违反证券法律法规的行为，不构成证券违法违规，一般采用电话答复或者出具书面答复函的形式告知举报人。[①] 如经核查后，对于轻微违法违规的行为，常见情形会以对行为人进行谈话提醒或给予口头警告等监管措施及时纠正；如认为情节和性质相对严重的，则会做出正式立案调查的决定。[②]

4. 正式立案调查

根据《中国证券监督管理委员会案件调查实施办法》，中国证监会机关日常监管部门提出立案建议，会商调查部门，报中国证监会负责人批准；中国证监会调查部门可直接提出立案建议，报中国证监会

---

① 参见《中国证券监督管理委员会行政复议决定书（李伟）》（〔2020〕9号）。
② 禄正平：《证券法学》，商务印书馆，2018，第455～456页。

负责人批准；派出机构立案，由日常监管处室、稽查处室提出建议，报派出机构负责人批准。中国证监会负责人可根据上级指示、其他部门通报、重要情况和线索，直接批示立案。

日常监管部门发现重大违法违规迹象时，可商请调查部门介入，督促当事人停止不当行为，及时控制风险，尽快消除隐患，主动减小危害，防止事态扩大，限期进行整改。

派出机构发现涉嫌违法违规行为时，应按照辖区责任制的原则，及时核准并立案调查；对于涉嫌市场操纵、内幕交易的情形，应提请中国证监会机关有关部门立案；对于复杂、敏感、性质特殊的情形，可以提请中国证监会机关日常监管部门、调查部门立案。

派出机构决定立案的，应在立案后5个工作日内将下列材料报稽查一局备案：①立案报备表；②立案审批表；③调查方案；④检查报告、核查报告及其他有关材料。其中，调查方案应包括案情分析、调查规划、人员分工、时间安排、经费预算等内容。稽查一局在收到派出机构立案报备材料后5个工作日内回复书面意见。对立案无异议的，通知报备单位展开调查；对涉及重复立案的，可以并案处理，并协商确定案件主办单位；对立案有异议或有调整和建议意见的，应说明理由。

派出机构建议由证监会机关立案的，应在报告中写明涉案主体、涉嫌行为、异常情况、主要线索，随附检查报告及相关资料。

立案前已办理限制出境事宜的，应在立案后及时将有关材料移交调查部门。

5. 正式调查结束，形成案件调查报告

对于一般案件，调查组应当在报备同意后60个工作日内完成调查。对于特殊案件，经中国证监会调查部门同意，可以延长调查期限。终止调查由调查部门申请，证监会负责人批准。调查组负责编制调查终结报告，并经案件主办单位审核后，报送中国证监会调查部门。调查终结报告应按统一格式编写，至少包括下列内容：①案由；②调查过程；③涉案主体；④主要违法违规事实；⑤其他事项；⑥调查结论；⑦认定意见；⑧处理建议。

6. 调查结束后的程序

针对派出机构主办的案件，调查组长应当将调查终结报告、所有证据及其他相关材料提交案件主办单位审核。经审核后，案件主办单位将调查终结报告及证据材料交稽查一局复核。稽查一局对调查计划的执行、调查活动的组织、终结报告的格式、主要事实及证据、违规行为及结论、认定及处理意见进行全面的实质性复核。复核中发现的问题，由复核处室书面反馈给案件协调人，案件协调人应当以书面形式逐项回复，必要时，可请调查组长及案件主办单位说明情况。稽查一局召开复核会，听取案件调查、复核情况，讨论决定有关问题，形成认定处理意见，并对案件办理进行综合评价。案件协调人按照复核会意见完成终结报告的修改与调整，必要时，调查组长与主办单位应当支持、配合。

调查部门应将案件调查终结报告及相关案卷材料，一并移交案件审理部门，并按要求参与后续审理、听证、复议及诉讼程序。审理部门或其他部门要求补充调查的内容，应当以书面形式提出，经中国证监会调查部门负责人批准，案件主办单位应补充调查。补充调查可由原调查组实施，也可另行组成调查组完成。补充调查应当在 30 个工作日内完成，以两次为限。

四　调查共享与合作机制

20 世纪 70 年代以来，随着金融电子化、金融证券化的发展，证券市场日益国际化，表现在投资者跨境投资、上市公司境外发行以及金融机构的全球业务拓展方面。[①] 证券市场国际化对建立证券监管国

---

① 吴弘主编《证券法教程（第二卷）》，北京大学出版社，2017，第 370 ~ 372 页。

际化合作机制提出了要求。

自 1993 年 6 月 19 日与香港特别行政区的香港证券及期货事务监察委员会签署首个《监管合作备忘录》以来，截至 2020 年 9 月，中国证监会已先后与 65 个国家和地区的证券（期货）监管机构签署了监管合作谅解备忘录。[①] 中国证监会于 1995 年 7 月正式成为国际证监会组织（IOSCO）的成员，并积极推进证券监管的国际合作。《证券法》第一百七十七条第一款规定："国务院证券监督管理机构可以和其他国家或者地区的证券监督管理机构建立监督管理合作机制，实施跨境监督管理。"

《证券法》新增了针对境外证券监督管理机构的禁止性规定。《证券法》第一百七十七条第二款规定："境外证券监督管理机构不得在中华人民共和国境内直接进行调查取证等活动。未经国务院证券监督管理机构和国务院有关主管部门同意，任何单位和个人不得擅自向境外提供与证券业务活动有关的文件和资料。"近年来，有个别国家或地区的证券监督管理机构试图绕过跨境监管合作途径，企图在我国境内直接开展调查取证等证券监管执法活动。《证券法》制定这样的禁止性规定是为了进一步明确跨境监管与执法合作的基本原则和内涵，更好地维护国家主权。[②]

五　证监会线索举报奖励机制

证券期货违法违规行为主体基于其在证券市场中的特殊身份及专业、信息等优势，违法手段多样，导致有关案件发现与取证往往有一定的隐蔽性，中国证监会等监管主体作为外部监管者有时很难在第一

---

① 《中国证监会与境外证券（期货）监管机构签署的备忘录一览表（2020 年 9 月）》，中国证券监督管理委员会网站，http://www.csrc.gov.cn/pub/newsite/gjb/jghz/202011/t20201118_386443.html，最后访问日期：2020 年 11 月 27 日。

② 程合红主编《〈证券法〉修订要义》，人民出版社，2020，第 350 页。

时间获得违法违规行为线索。但内部知情人可以接触到许多监管部门难以获得的丰富信息，因此具有发现违法违规行为线索的巨大优势，甚至超越政府证券监管机构、股东、债权人、新闻媒体等。[1] 举报奖励机制能够激励知情社会公众积极行使举报证券期货违法违规行为的权利，拓宽了社会监督渠道，形成了对证券监管制度不足的有力补充。举报奖励机制的存在、可能被内部人员或其他知情人士举报的压力均会对伺机进行证券违法违规行为、损害投资者权益的人形成威慑和压力，使其有所顾忌，达到一定的事前防控效果。

2010 年，《国务院办公厅转发证监会等部门关于依法打击和防控资本市场内幕交易意见的通知》首次提出"积极探索内幕交易举报奖励制度"。2013 年 12 月 25 日，《国务院办公厅关于进一步加强资本市场中小投资者合法权益保护工作的意见》发布，为加大对损害中小投资者合法权益的违法行为的监管和打击力度，提出"建立证券期货违法案件举报奖励制度"。2014 年，中国证券监督管理委员会发布了《证券期货违法违规行为举报工作暂行规定》[2]（以下简称《举报工作暂行规定》），标志着我国证券期货违法举报制度的初步建立[3]。2019 年，新《证券法》首次在法律层面上规定了举报奖励制度，为举报涉嫌证券违法违规行为与举报人的奖励、保护提供了实体法上的依据。

《证券法》第一百七十六条规定："对涉嫌证券违法、违规行为，任何单位和个人有权向国务院证券监督管理机构举报。对涉嫌重大违法、违规行为的实名举报线索经查证属实的，国务院证券监督管理机构按照规定给予举报人奖励。国务院证券监督管理机构应当对举报人

---

[1] 赵岗、朱忠明、王博林：《中国证券业监管发展与改革研究》，中国发展出版社，2015，第 319~320 页。

[2] 该规定已于 2020 年做出修订。

[3] 程合红主编《〈证券法〉修订要义》，人民出版社，2020，第 348 页。

的身份信息保密。"

第一款规定了举报奖励机制的客体范围、权利主体以及受理机构。举报奖励机制的客体是"涉嫌证券违法、违规行为",权利主体是"任何单位和个人",受理机构是"国务院证券监督管理机构"。根据 2020 年修订的《举报工作暂行规定》,除中国证监会证券期货违法违规行为举报中心(以下简称"举报中心")受理举报人举报以外,各地证监局也受理和处理举报工作。① 举报人可以通过证券期货违法线索网络举报系统、信函方式进行举报。②

第二款规定了给予举报奖励的条件。其一,举报行为须属于"涉嫌重大违法、违规行为"。根据《举报工作暂行规定》,举报奖励适用于下列违法行为的实名举报:①欺诈发行证券;②信息披露违法;③操纵证券、期货市场;④内幕交易或利用未公开信息交易;⑤其他重大证券期货违法行为。③ 其二,举报人须为"实名举报"。举报人实名举报或匿名举报都可以,但证券期货违法线索网络举报系统只接收实名举报,举报奖励也只面向实名举报者。举报人应当准确提供本人的姓名、有效身份证件、联系方式和地址等信息。举报人为单位的,提供单位名称、统一社会信用代码、通信地址、授权委托书及代理人身份、联系方式等信息。④ 其三,举报线索须经"查证属实"。举报事实清楚、线索明确,经调查属实的,对于一般案件,奖励金额最高不超过 10 万元;对于在全国有重大影响,或涉案数额巨大的案件,奖励金额最高不超过 30 万元,内部知情人员提供重大违法案件线索,最高奖励金额不超过 60 万元。

第三款规定了对于举报人的保护。对于举报人的姓名、年龄、住

---

① 《证券期货违法违规行为举报工作暂行规定》(2020 修订)第二条。
② 《证券期货违法违规行为举报工作暂行规定》(2020 修订)第三条。
③ 《证券期货违法违规行为举报工作暂行规定》(2020 修订)第十二条。
④ 《证券期货违法违规行为举报工作暂行规定》(2020 修订)第四条。

所、电话及其他可以识别举报人身份的信息，除依法使用外，均予严格保密。举报中心对网络举报人的姓名（名称）、证件号码、联系方式、工作单位、地址等身份信息实行编码管理，在调查、处罚以及举报奖励评审阶段使用编码代替实名举报人身份信息。[①] 《举报工作暂行规定》从多方面强化举报保密措施，防止举报人身份信息遭遇泄露，被打击报复甚至引来人身安全威胁，解决举报人的后顾之忧。

2019 年 8 月 2 日，中国证监会发布消息，拟对提供廖英强操纵市场（行政处罚决定书〔2018〕22 号）、江苏雅百特科技股份有限公司信息披露违法（行政处罚决定书〔2017〕102 号）、任子行网络技术股份有限公司信息披露违法违规（行政处罚决定书〔2017〕103 号）等 3 起案件线索的举报人根据《证券期货违法违规行为举报工作暂行规定》给予奖励。[②] 以上是目前对证券违法违规案件线索的举报人实施奖励的成功案例。

第三节　非行政处罚性监管措施

一　非行政处罚性监管的法律规定

2002 年，《中国证券监督管理委员会关于进一步完善中国证券监督管理委员会行政处罚体制的通知》第一次提出"非行政处罚性监管措施"的概念，"行政处罚委员会对案件进行审理后，提出《审理意见》，报会分管领导批准……行政处罚委员会认为违法行为不成立或虽构成违法但依法不予处罚，应当采取非行政处罚性监管措施的，

---

① 《证券期货违法违规行为举报工作暂行规定》（2020 修订）第十条。
② 《证监会拟对 3 起案件线索的举报人给予奖励》，中国证券监督管理委员会网站，http://www.csrc.gov.cn/pub/newsite/jcj/gzdt/201908/t20190823_360952.html，最后访问日期：2020 年 11 月 27 日。

由法律部根据行政处罚委员会的《审查意见》交由有关部室处理"。

依据中国证监会 2020 年新发布的《证券期货市场监督管理措施实施办法（征求意见稿）》（以下简称《实施办法（征求意见稿）》）第二条规定，仅法律、行政法规与中国证监会规章可以规定监督管理措施，中国证监会规章以外的行政规范性文件不得设定监督管理措施。

在法律层面，《证券法》第一百七十条第二款规定："为防范证券市场风险，维护市场秩序，国务院证券监督管理机构可以采取责令改正、监管谈话、出具警示函等措施。"第二百二十一条规定："违反法律、行政法规或者国务院证券监督管理机构的有关规定，情节严重的，国务院证券监督管理机构可以对有关责任人员采取证券市场禁入的措施。前款所称证券市场禁入，是指在一定期限内直至终身不得从事证券业务、证券服务业务，不得担任证券发行人的董事、监事、高级管理人员，或者一定期限内不得在证券交易所、国务院批准的其他全国性证券交易场所交易证券的制度。"

《实施办法（征求意见稿）》第二条规定了 16 项监管措施加 1 项兜底性规定，具体包括"（一）责令改正；（二）监管谈话；（三）出具警示函；（四）责令公开说明；（五）责令定期报告；（六）暂不受理与行政许可有关的文件；（七）限制作为特定对象认购证券；（八）责令暂停或者终止并购重组活动；（九）认定为不适当人选；（十）责令增加内部合规检查次数；（十一）公开谴责；（十二）责令处分有关人员；（十三）责令更换董事、监事、高级管理人员等或者限制其权利；（十四）停止核准新业务；（十五）限制证券期货基金经营机构业务活动；（十六）限制股东权利或者责令转让股权；（十七）法律、行政法规、规章规定的其他监督管理措施。中国证监会规章以外的行政规范性文件不得设定监督管理措施"。

与 2008 年《证券期货市场监督管理措施实施办法（试行）》（以下简称《实施办法》）相比，《实施办法（征求意见稿）》对于监管措施的规定发生了部分变化。由于 2019 年《优化营商环境条例》第十七条第二款规定："除法律、法规另有规定外，任何单位和个人不得强制或者变相强制市场主体参加评比、达标、表彰、培训、考核、考试以及类似活动，不得借前述活动向市场主体收费或者变相收费。"《实施办法（征求意见稿）》作为部门规章，未达到采取责令参加培训等监管措施的效力级别，故原"责令参加培训"不再属于有效监管措施。另外，"责令停止职权或者解除职务""撤销其任职资格""停止批准增设、收购营业性分支机构""临时接管"等措施也被排除在监管措施的范围外，将《创业板上市公司证券发行管理暂行办法》等规定的"限制作为特定对象认购证券"、《上市公司重大资产重组管理办法》《非上市公众公司收购管理办法》等规定的"责令暂停或者终止并购重组活动"两类措施新增进来。

监督管理措施可以单独或者合并适用。违法行为依法应当予以行政处罚的，不得以监督管理措施替代行政处罚。

二 非行政处罚性监管措施的类型与性质

根据监管措施对监管对象权利、资格或者行为的限制及影响进行分类，可以将其划分为申诫类监管措施、限制财产权类监管措施、限制行为类监管措施及限制资格类监管措施。[①]

申诫类监管措施对监管对象的名誉、荣誉、信誉等施加影响，从而引起其精神上的警惕。监管谈话、出具警示函属于申诫类监管措施。

限制财产权类监管措施对监管对象的财产或某种财产权利进行限制或剥夺。限制股东权利或者责令转让股权属于限制财产权类监管措施。

---

① 张红：《证券监管措施：挑战与应对》，《政法论坛》2015 年第 4 期，第 133 页。

限制行为类监管措施限制或剥夺监管对象特定行为能力。责令改正、责令公开说明、责令处分有关人员、责令定期报告、暂不受理与行政许可有关的文件、限制作为特定对象认购证券、责令暂停或者终止并购重组活动、责令增加内部合规检查次数、公开谴责、停止核准新业务、限制证券期货基金经营机构业务活动、市场禁入属于限制行为类监管措施。

限制资格类监管措施剥夺或者限制监管对象从事特定行为的资格。认定为不适当人选，责令更换董事、监事、高级管理人员等或者限制其权利属于限制资格类监管措施。

面对多种类型的证券监管措施，相应的证券监管措施属于何种性质行为的问题产生了，引发了学者对于证券监管措施属于行政处罚、行政强制或是一种全新的行政行为类型的争论。《中华人民共和国行政处罚法》没有对行政处罚做出定义，根据《中华人民共和国行政强制法》第二条第二款，"行政强制措施，是指行政机关在行政管理过程中，为制止违法行为、防止证据损毁、避免危害发生、控制危险扩大等情形，依法对公民的人身自由实施暂时性控制，或者对公民、法人或者其他组织的财物实施暂时性控制的行为"。与行政强制相比，行政处罚具有制裁性与终局性的特征，强制措施并不以一个发生法律效力的行政决定存在为必要。① 因此，责令改正，限制董事、监事、高级管理人员权利，责令公开说明，责令定期报告，限制作为特定对象认购证券，责令暂停或者终止并购重组活动，责令增加内部合规检查次数，停止核准新业务，限制证券期货基金经营机构业务活动，限制股东权利等应当属于行政强制措施。责令更换董事、监事、高级管理人员，暂不受理与行政许可有关的文件，认定为不适当人选，市场禁入，责令股东转让股权，公开谴责，责令处分有关人员等

---

① 柯湘：《中国证监会非行政处罚性监管措施研究》，《政法学刊》2008 年第 2 期，第 104 页。

实际上应当属于行政处罚措施（虽然中国证监会未将这些措施规定为行政处罚，实施程序也并不会依据《中华人民共和国行政处罚法》进行）。而监管谈话、出具警示函等难以纳入已有的行政行为类型，因为其既不具有制裁性和终局性，也不会对行政相对人的行为、财产或人身造成暂时性的限制。

三 非行政处罚性监管措施的程序

《实施办法（征求意见稿）》坚持《实施办法》的"程序基本法"定位，主要就监督管理措施实施过程的程序性问题做出要求，规定了通用程序和具体实施程序。

实施监督管理措施通用程序要求：一是实施机构采取监督管理措施的，应当有充分的证据、依据；二是除《实施办法（征求意见稿）》规定的责令改正、监管谈话、出具警示函、责令公开说明、责令定期报告以外的其他监督管理措施，在实施时应当履行事先告知程序，告知拟采取措施的类别和事实、理由、依据，并告知当事人依法享有陈述、申辩以及要求举行听证的权利；三是实施除责令改正、监管谈话、出具警示函、责令公开说明、责令定期报告以外的其他监督管理措施的，实施机构可以向有关单位、部门通报。

《实施办法（征求意见稿）》分条列明了实施各类监督管理措施的具体实施程序。

①责令改正的实施程序。实施机构应当向当事人发出书面决定，责令其停止违法行为或者限期改正并提交书面报告。决定文书应当载明责令改正的事项、时限和要求。

②监管谈话的实施程序。实施机构应当至少提前3个工作日向谈话对象发出书面决定，告知谈话的时间、地点、事由和应当提供的书面材料等内容。监管谈话时应当由2名以上工作人员参加，制作谈话笔录并由谈话对象签字确认。

③出具警示函的实施程序。实施机构应当向当事人发出书面决定，告知当事人存在的风险状况或者违法违规事实，要求当事人关注风险，采取风险防范、控制等改进措施，并在规定的时限内提交书面报告等内容。

④责令公开说明的实施程序。实施机构应当向当事人发出书面决定，告知当事人要求公开说明或者解释的事项、期限、公开的媒体等内容。

⑤责令定期报告的实施程序。实施机构应当向当事人发出书面决定，告知当事人定期报告的事项、要求、频率、时限等内容；必要时，实施机构可以要求当事人提交报告事项的相关证明材料或者作出说明。

⑥暂不受理与行政许可有关的文件的实施程序。实施机构应当向当事人发出书面决定，告知当事人暂不受理的期限、文件种类以及恢复受理的时限、条件等内容。当事人是保荐人或者证券服务机构的，当事人收到决定后，应当通知正在聘请其开展业务的申请人。当事人是保荐代表人或者证券服务机构从业人员的，实施机构应当通知当事人所在单位。

⑦限制作为特定对象认购证券的实施程序。实施机构应当向当事人发出书面决定，决定文书应当载明限制特定对象认购的证券种类、期限等内容。

⑧责令暂停或者终止并购重组活动的实施程序。实施机构应当向当事人发出书面决定，决定文书应当载明暂停或者停止活动的范围、期限等内容。

⑨认定为不适当人选的实施程序。实施机构应当向当事人及其任职单位发出书面决定，责令有关单位免除当事人的职务。决定文书应当载明当事人不适合担任相应职务的范围、期限等内容。有关单位应当自收到决定文书之日起30个工作日内，作出解除当事人职务的决定，并在作出决定之日起3个工作日内向实施机构报告。

⑩责令增加内部合规检查次数的实施程序。实施机构应当向当事

人发出书面决定，告知当事人要求增加内部合规检查的期限、次数或者频率、提交合规检查报告的时限等内容。

⑪公开谴责的实施程序。实施机构应当向当事人及其任职单位发出书面决定，告知其公开谴责的事由、公开的媒体、持续公开的时间等内容。

⑫责令处分有关人员的实施程序。实施机构应当向当事人及其任职单位发出书面决定，责令有关单位按照其内部管理规定处分当事人。决定文书应当载明责令处分的人员姓名、职务、具体要求等内容。有关单位应当在收到决定文书之日起 10 个工作日内，作出处分决定，并在作出决定之日起 3 个工作日内向实施机构报告。

⑬责令更换董事、监事、高级管理人员，以及有关业务部门、分支机构负责人员或者限制其权利的实施程序。实施机构应当向当事人及其任职单位发出书面决定，责令有关单位更换当事人或者限制其权利。责令更换董事、监事、高级管理人员或者有关业务部门、分支机构负责人员的，实施机构应当在决定文书中载明责令更换的当事人姓名、职务、具体要求等内容。责令更换当事人的，有关单位应当自收到决定文书之日起 30 个工作日内，作出更换当事人职务的决定，并在作出决定之日起 3 个工作日内向实施机构报告。责令限制董事、监事、高级管理人员或者有关业务部门、分支机构负责人员权利的，实施机构应当在决定文书中载明责令限制权利的当事人姓名、职务、限制权利范围、期限等内容。责令限制当事人权利的，有关单位应当自收到决定文书之日起即依照文件规定限制其权利，并将执行的情况及时向实施机构报告。

⑭停止核准新业务的实施程序。实施机构应当向当事人发出书面决定，决定文书应当载明停止核准新业务的范围、暂停期限以及恢复审核的时限、条件等内容。

⑮限制证券公司、期货公司、基金管理人、基金托管人业务活动

的实施程序。实施机构应当向当事人发出书面决定，决定文书应当载明暂停或者限制其业务活动的范围、期限等内容。撤销证券公司、期货公司有关业务许可的，决定文书应当载明撤销业务许可的种类。限制证券公司、期货公司、基金管理人分配红利或者向董事、监事、高级管理人员支付报酬、提供福利的，决定文书应当载明限制支付报酬或者提供福利的人员范围、期限、具体实施方式等内容。限制期货公司调拨和使用自有资金或者风险准备金的，决定文书应当载明限制的金额、期限等内容。限制证券公司、期货公司、基金管理人对公司财产处置权利的，决定文书应当载明限制处置公司财产的范围、处置权限、期限等内容。采取前述措施的，实施机构可以明确解除限制措施的条件。

⑯限制证券公司、期货公司、基金管理人股东权利的实施程序。实施机构应当向责任股东发出书面决定，决定文书应当载明限制其股东权利的范围和期限等内容。实施责令转让股权的，决定文书应当载明责令转让股权的期限、要求以及在其股权转让前限制行使股东权利的范围等内容。采取前述措施的，实施机构应当同时向相关证券公司、期货公司、基金管理人发出书面决定，责令其配合限制有关责任股东行使股东权利。实施限制违法上市公司收购人行使表决权的，实施机构应当向收购人及相关上市公司发出书面决定，决定文书应当载明限制收购人行使表决权的期限、范围等内容，并要求上市公司公告。

四　典型案例

（一）《中国证券监督管理委员会行政复议决定书（易新胜）》（〔2019〕58号）

主要事实：

武汉维特科思教育股份有限公司（以下简称"维特科思"）

原系在全国中小企业股份转让系统挂牌的非上市公众公司（已终止挂牌），申请人易新胜系该公司董事长。2017年11月3日，维特科思向答某人账户转入资金140万元，同日，该款项分100万元和40万元两笔从答某人账户转入申请人个人账户。维特科思2016年年报显示：2016年维特科思对武汉华美母婴健康管理有限公司（以下简称"华美母婴"）实现销售收入233.21万元，2016年底对华美母婴应收账款余额为247.2万元；华美母婴出具书面说明否认与维特科思存在业务往来和资金往来。2017年7月14日，维特科思与申请人、李某三方签订对股权转让行为承担连带保证责任的《保证合同》，但未履行股东大会审议程序和进行信息披露。

2018年12月12日，被申请人湖北证监局向维特科思下发《湖北证监局关于对武汉维特科思教育股份有限公司采取出具警示函措施的决定》（〔2018〕45号，以下简称《警示函》）。被申请人《警示函》认定，维特科思存在以下违规问题。第一，该公司董事长（即申请人）于2017年11月3日占用公司资金140万元，违反《非上市公众公司监督管理办法》第十四条的规定。第二，该公司存在信息披露违规问题：在2016年年报中通过华美母婴虚构主营业务收入233.21万元，虚增应收账款247.2万元，导致年报存在虚假记载；该公司于2017年7月14日与申请人、李某三方签订《保证合同》，约定该公司对申请人的股权转让行为承担连带保证责任，构成关联交易但未经股东大会审议，未按规定履行临时报告信息披露义务。上述信息披露行为违反《非上市公众公司监督管理办法》第二十条第一款的规定。根据《非上市公众公司监督管理办法》第五十六条、第六十二条的规定，决定对维特科思采取出具警示函的监管措施。

2019年2月12日，申请人不服《警示函》，申请行政复议，请求撤销《警示函》中的第一条和第二条第一款的内容。

中国证监会观点：

本案中，在未发现答某人与公司之间存在实质性业务往来的情况下，维特科思转款给答某人 140 万元，与答某人在收到公司转款后当天即转给申请人具有连贯性，上述认定有相关银行账户交易流水与维特科思记账资料等证实。关于申请人主张与公司存在借款、140 万元转账应视为还款的问题，申请人提供的借据、通过他人账户转账给公司等行为不符合一般借款特征，且未经公司审议确认，与公司账务不能对应，公司也从未公开披露向申请人借款的信息；根据在案证据，褚某祥向公司转账系代其他公司和个人还款，并非申请人给公司的借款，故申请人关于答某人向其转款应视为还款的主张缺乏事实依据。同时，公司资金与个人资产相互独立，在未经公司审议确认的情况下，相关借款关系成立与否并不影响对申请人占用公司资金行为的认定，被申请人认定申请人占用公司资金具有事实依据。另外，维特科思 2016 年年报中关于对华美母婴销售收入等的披露内容与事实不符，华美母婴否认与维特科思存在采购合同与合同结算单等业务往来，故被申请人认定该公司存在虚构收入问题并无不当；相关中介机构的审核行为并不构成该公司信息披露违规的免责事由。关于被申请人认定维特科思提供担保系未履行信息披露义务的问题，与事实相符，申请人对此并无异议。《非上市公众公司监督管理办法》第二十条第一款规定，公司及其他信息披露义务人应当真实、准确、完整、及时披露信息，不得有虚假记载、误导性陈述或者重大遗漏，被申请人据此认定维特科思存在信息披露违规行为并无不当。根据《非上市公众公司监督管理办法》第五十六条和第六十二条的规定，被申请人综合本案证据，对维特科思采取出具警示函措施的决定符合相关规定和实际情况。

综上，根据《中华人民共和国行政复议法》第二十八条第一款第（一）项的规定，本会决定：维持被申请人所作的《湖北证监局关于对武汉维特科思教育股份有限公司采取出具警示函措施的决定》（〔2018〕45号）。

（二）关于对常亮采取监管谈话措施的决定

常亮：

经查，我会发现宏信证券有限责任公司（以下简称"公司"）在开展债券业务过程中存在以下违法行为：一是违规新增表外代持，宏信信成1号、宏信龙江1号等多个资产管理计划存续期间委托其他机构代持，但未按资管计划自持债券进行核算，也未统一纳入规模、杠杆、集中度等指标控制；二是故意规避监管要求，公司定向资管产品欣睿（正回购）、定向资管产品葫芦岛4号（逆回购）分别与国通信托同日内开展同一标的债券、券面总额相等、回购期限相同的买断式回购交易，两笔交易存在1%的价差；三是合规风控流于形式，合规风控未发现或纠正相关资管产品表外代持和故意规避监管展开交易的行为，并存在质押券信用等级低于投资要求未予关注，债券交易询价留痕监控不到位、中后台部门未设置交易明细核对专岗、部分回购交易首期质押率超300%等问题。

上述行为违反了《证券公司监督管理条例》第二十七条、《证券公司和证券投资基金管理公司合规管理办法》第三条、《中国人民银行 银监会 证监会 保监会〈关于规范债券市场参与者债券交易的通知〉》（银发〔2017〕302号）第二条和第七条、《证券期货经营机构私募资产管理业务管理办法》第六十五条等规定，反映出公司内部控制存在缺陷，经营管理混乱，严重损害委托人利益，并存在故意绕开监管的交易行为，债券交易业务存在重大经营风险。风控部门未能充分掌握业务部门债券交易情况，也未能在逆回购管理等薄弱风控环节发挥应有作用，你作为风控部负责人对此负有领导责任。根据《证券公司和证券投资基金管理公司合规管理办法》第十条、第三十二条的规定，我会决定对你采取监管谈话措施。请于 2020 年 7 月 3 日 10：00 携带有效的身份证件到我会（地址：北京市西城区金融大街 19 号富凯大厦 A 座）接受监管谈话。

如果对本监督管理措施不服，可以在收到本决定书之日起 60 日内向我会提出行政复议申请，也可以在收到本决定书之日起 6 个月内向有管辖权的人民法院提起诉讼。复议与诉讼期间，上述监督管理措施不停止执行。

中国证监会

2020 年 6 月 23 日

（三）关于对鲍娇燕采取认定为不适当人选措施的决定

鲍娇燕：

经查，我会发现万和证券股份有限公司（以下简称"公司"）存在以下问题。一是 2018 年 7 月，公司定向资管产品泰和 5 号将当日发生实质兑付风险的 3500 万元"17 永泰能源 MTN002"以净价 85.82 元卖给东海证券；同日内，公司投顾产品汇泰 293 号从东海证券买入等量"17 永泰能源 MTN002"，净价为 85.86 元。二是业务岗位未有效隔离，资管五部同时开展资产管理、投顾业务，人员混合办公，且投顾业务关键岗位混同操作。

上述情况违反了《证券公司监督管理条例》第二十七条、《证券公司内部控制指引》第十六条、《证券公司和证券投资基金管理公司合规管理办法》第三条、《证券期货经营机构私募资产管理业务管理办法》第五条和第五十九条、《中国人民银行 银监会 证监会 保监会〈关于规范债券市场参与者债券交易的通知〉》（银发〔2017〕302号）第二条等规定。

鲍娇燕作为资管五部负责人、资管计划臻和5号投资经理，故意规避监管要求，明知故犯，对此负有领导责任和直接责任，违反了《证券公司和证券投资基金管理公司合规管理办法》第十条的规定。

按照《证券公司和证券投资基金管理公司合规管理办法》第三十二条的规定，我会决定：认定鲍娇燕（身份证号：420625198301030065）为不适当人选，自行政监督管理措施决定作出之日起两年内，不得担任证券公司资产管理业务或者债券业务部门负责人或投资决策岗位。

如果对本监督管理措施不服，可以在收到本决定书之日起60日内向我会提出行政复议申请，也可以在收到本决定书之日起6个月内向有管辖权的人民法院提起诉讼。复议与诉讼期间，上述监督管理措施不停止执行。

中国证监会

2020年8月17日

（四）关于对燕文波采取公开谴责措施的决定

燕文波：

经查，国海证券股份有限公司存在以下违规行为：一是证券承销与保荐业务未按规定与资产管理等其他业务严格隔离；二是员工张杨2013年1月至2014年7月在证券承销与保荐部门工作期间，假冒公司名义对外大量开展债券代持交易。

上述行为违反了《证券公司内部控制指引》第七条、第十三条、第十六条和第六十七条，《证券公司客户资产管理业务管理办法》第三条、第七条的规定，反映出公司经营管理混乱、内部控制不完善。你作为公司分管证券承销与保荐业务的高级管理人员，未能勤勉尽责，致使公司出现重大风险。按照《证券公司监督管理条例》第七十条的规定，我会决定通过证监会官方网站对你予以公开谴责。

如果对本监督管理措施不服，可以在收到本决定书之日起60日内向我会提出行政复议申请，也可以在收到本决定书之日起6个月内向有管辖权的人民法院提起诉讼。复议与诉讼期间，上述监督管理措施不停止执行。

中国证监会

2017 年 7 月 27 日

（五）关于对民生证券采取暂停新开证券账户六个月等措施的决定

中国证券监督管理委员会行政监管措施决定书

〔2015〕84 号

民生证券股份有限公司：

经查，你公司太原长风街营业部原总经理涉嫌虚构新三板投资基金诈骗投资者，持续时间长、涉及金额大，已被公安机关采取刑事强制措施，后果严重，影响恶劣。虽未发现你公司参与有关诈骗活动，但你公司存在营业部负责人把关不严、监督机制失效等问题，反映出你公司内部控制不完善、经营管理混乱。

上述行为违反了《证券公司监督管理条例》第二十七条、《证券公司分支机构监管规定》第十五条的规定。按照《证券公司监督管理条例》第七十条的规定，我会决定对你公司采取如下行政监管措施：

一是责令限期改正；

二是责令增加内部合规检查的次数，你公司应当对全部分支机构进行合规检查并于 2016 年 6 月底前提交检查和整改报告；

三是责令暂停新开证券账户六个月，暂停期间你公司不得新增经纪业务客户。

如果对本监督管理措施不服，可以在收到本决定书之日起 60 日内向我会提出行政复议申请，也可以在收到本决定书之日起 6 个月内向有管辖权的人民法院提起诉讼。复议与诉讼期间，上述监督管理措施不停止执行。

中国证监会

2015 年 12 月 29 日

（六）关于对胡德忠采取撤销任职资格措施的决定

胡德忠，国海证券股份有限公司：

经查，国海证券股份有限公司存在以下违规行为：一是资产管理业务与公司其他业务未分开管理，资产管理部门协助证券承销部门销售债券；二是资产管理业务运作不规范，资产管理产品与提供投资顾问服务的信托产品之间存在异常交易；三是张杨等员工假冒公司名义对外大量开展债券代持交易。

上述行为违反了《证券公司内部控制指引》第七条、第十三条、第十六条和第六十七条，《证券公司合规管理试行规定》第三条和第六条，《证券公司客户资产管理业务管理办法》第三条、第七条、第二十九条和第三十三条第四项及第六项的规定。胡德忠作为公司分管资产管理业务的高级管理人员，未能勤勉尽责，致使公司出现重大风险。按照《证券公司董事、监事和高级管理人员任职资格监管办法》第五十五条的规定，我会决定：对胡德忠采取撤销担任证券公司高级管理人员任职资格的监督管理措施。公司应当在本决定书之日起30个工作日内，作出免除胡德忠职务的决定，并在作出决定之日起3个工作日内向我会书面报告。

如果对本监督管理措施不服，可以在收到本决定书之日起60日内向我会提出行政复议申请，也可以在收到本决定书之日起6个月内向有管辖权的人民法院提起诉讼。复议与诉讼期间，上述监督管理措施不停止执行。

中国证监会

2017 年 7 月 27 日

（七）《中国证券监督管理委员会行政复议决定书（暴风集团）》（〔2019〕143号）

主要事实：

2016 年 3 月 2 日，申请人暴风集团股份有限公司、冯鑫及光大资本投资有限公司全资子公司光大浸辉投资管理（上海）有限公司（以下简称"光大浸辉"）签署《北京暴风科技股份有限公司及冯鑫与光大浸辉投资管理（上海）有限公司关于收购MP&Silva Holding S. A. 股权的回购协议》（以下简称《回购协议》）。根据《回购协议》，申请人拟收购 MP&Silva Holding S. A.（以下简称"MPS"）65% 的股权，光大浸辉为申请人提供融资支持，具体收购方式为：申请人全资子公司暴风（天津）投资管理有限公司（以下简称"暴风投资"）与光大浸辉设立特殊目的企业，通过特殊目的企业收购标的股权，申请人承诺在收购完成后的 18 个月内，收购特殊目的企业持有的全部 MPS 权益，从而最终实现申请人对 MPS 权益的收购。如申请人未履行上述承诺，需承担赔偿责任。申请人在该协议上加盖公章，公司法定代表人冯鑫签字确认。此后，申请人与光大浸辉等实际设立了特殊目的企业上海浸鑫投资咨询合伙企业（以下简称"上海浸鑫"），上海浸鑫于 2016 年 5 月 23 日完成收购 MPS 65% 股权，对价为 71500 万美元。被申请人北京证监局作出的《关于对暴风集团股份有限公司采取责令改正行政监管措施的决定》（〔2019〕81号，以下简称《行政监管措施决定》）认定申请人未对《回购协议》有关内容及时进行审议并披露，也未提示相关风险。回购期满 18 个月，即 2017 年 11 月 23 日，申请人也未及时公告相关回购事项进展情况以及面临的或有债务风险情况，违反了《上市公司信息披露管理办法》第三十条和第三十一条的规定。根据《上市公司信息披露管理办法》第五十九条规定，对申请人采取责令改正行政监管措施，要求公司申请人对《回购协议》相关情况以及面临风险进行详细披露。申请人复议主张《回购协议》属于无效协议，无须披露，之后签署的《合作框架协议》已经依法进行了审议及公告披露，申请人已尽到信息披露义务，并未违反相关规定，请求撤销《行政监管措施决定》。

中国证监会观点：

《上市公司信息披露管理办法》第三十条规定，发生可能对上市公司证券交易价格产生较大影响的重大事件，上市公司应当立即披露，重大事件包括"公司订立重要合同，可能对公司的资产、负债、权益和经营成果产生重要影响"；第三十一条规定，"上市公司应当在最先发生的以下任一时点，及时履行重大事件的信息披露义务：……（二）有关各方就该重大事件签署意向书或者协议时"。结合查明的事实情况来看，《回购协议》的签署，对申请人的经营具有重大影响，申请人未及时披露《回购协议》，违反上述规定。《上市公司信息披露管理办法》第五十九条规定，信息披露义务人及其董事等违反本办法的，证监会可以采取责令改正、出具警示函等监管措施。据此，被申请人依法对申请人作出《行政监管措施决定》，认定事实清楚，适用依据正确，程序合法，内容适当。

根据《中华人民共和国行政复议法》第二十八条第一款第（一）项的规定，本会决定：维持被申请人《关于对暴风集团股份有限公司采取责令改正行政监管措施的决定》（〔2019〕81号）对申请人作出的监管措施。

五　风险提示与实务要点

有关中介机构的审核报告意见不能成为公司及信息披露义务人的免责事由。在案例一中，申请人易新胜以公司年报经公司层层内审和中兴华会计师事务所审计并出具无保留意见的审计报告，且经过券商复核把关为由，主张账实不符的责任属于公司财务人员水平低下导致的问题，责任不在自身。而在中国证监会进行复核时，认为相关中介机构的审核行为并不构成公司信息披露违规的免责事由。因此，信息披露义务人公司董事等高级管理人员可以参考其他专业机构及人员的审核意见，但发生信息披露违法时，仍须独立承担全部责任，提示信息披露义务人在履行职责过程中应当审慎做出独立判断。

对公司经营具有重大影响的合同，在合同订立时无法确认无效的情况下，公司应当立即予以披露。在案例七中，申请人主张《回购协议》未提交董事会、股东大会决议，没有法律效力，无效协议不需要进行公告，而中国证监会认定事实合同已加盖公章并经法定代表人签字，合同要件完备，且具备重大性，则一经订立即须披露。公司对于符合《上市公司信息披露管理办法》第三十条规定的事件应当及时履行信息披露义务。

第四节　交易所自律监管措施及纪律处分

一　自律监管措施的种类

根据《上海证券交易所纪律处分和监管措施实施办法（2019 年修订）》（以下简称《上交所实施办法》）和《深圳证券交易所自律监管措施和纪律处分实施细则（2018 年修订）》规定，证券交易所实施的自律监管措施及纪律处分因监管对象——证券发行人及相关主体，所内会员、其他交易参与人及相关主体，投资者的不同而有种类范围上的区别。根据《上交所实施办法》第九条规定①，对于证券发行人及相关主体出现违规行为的，上交所可以采取的监管措施包括以下 16 种。

①口头警示，即以口头形式将有关违规事实或风险状况告知监管对象，要求其及时补救、改正或者防范。

②书面警示，即以监管关注函、警示函等书面形式将有关违规事实或风险状况告知监管对象，并要求其及时补救、改正或者防范。

③监管谈话，即要求监管对象在指定的时间和地点就有关违规行为接受质询和训诫，并要求其作出解释说明，采取措施及时补救、改正或者防范。

④要求限期改正，即要求监管对象停止违法行为或者限期改正。

⑤要求公开更正、澄清或说明，即要求监管对象对信息披露中的错漏事项进行公开更正，或者对有关事项或风险情况予以公开澄清或说明。

---

① 上海证券交易所（以下简称"上交所"）和深圳证券交易所（以下简称"深交所"）的自律监管措施及纪律处分的类型基本相同，本书仅以上交所的自律监管措施及纪律处分种类为例。

⑥要求公开致歉，即要求监管对象对违规事项以公告形式向投资者公开致歉。

⑦要求聘请保荐机构、证券服务机构进行核查并发表意见，即要求上市公司、其他证券发行人或相关股东就所存在的问题，聘请保荐机构、相关证券服务机构进行专项核查并发表意见。

⑧要求保荐人聘请第三方机构进行核查并发表意见，即要求保荐人就所存在的问题，聘请第三方专业机构进行专项核查并发表意见。

⑨要求限期参加培训或考试，即要求监管对象限期参加指定机构组织的专业培训或考试，督促其提升守法意识、职业操守和执业能力。①

⑩要求限期召开投资者说明会，即要求监管对象限期召开说明会，就特定事项公开向投资者作出解释或者说明。

⑪要求上市公司董事会追偿损失，即对于他人给上市公司造成损失，且相关损失已经由司法机关、行政机关或损失造成者予以明确确认，但上市公司董事会未进行追偿的，要求上市公司董事会主动进行追偿。

⑫对未按要求改正的上市公司暂停适用信息披露直通车业务，即对于未在规定期限内按要求改正信息披露直通车业务有关违规行为的上市公司，暂停其通过上交所信息披露系统办理信息披露直通车业务，在暂停期间其提交的信息披露文件需经上交所监管部门形式审核后方能对外披露。

⑬建议更换相关任职人员，即建议上市公司更换董事、监事、高级管理人员，或者建议境外发行人更换信息披露境内代表。

⑭对未按要求改正的证券发行人相关证券实施停牌，即对于未在

---

① 2020年《证券期货市场监督管理措施实施办法（征求意见稿）》应2019年《优化营商环境条例》规定已删除强制培训相关规定，本条规定同样也将面临失效可能。

规定期限内按要求改正违规行为的上市公司或其他证券发行人，要求其在一定期限内对相关事项予以改正，并在改正期间对公司股票、债券、基金或其衍生品种实施停牌。

⑮向相关主管部门出具监管建议函，即对于监管对象违规行为同时涉嫌违反中国证监会之外的其他主管部门监管规定的，上交所以书面函件等形式将监管对象有关行为或者风险状况告知相关主管部门，建议其予以关注。

⑯上交所规定的其他监管措施。

二 纪律处分的种类

根据《上交所实施办法》第八条的规定，上交所实施的纪律处分包括如下内容。

①通报批评，即在一定范围内、在中国证监会指定媒体上或者通过其他公开方式对监管对象进行批评。

②公开谴责，即在中国证监会指定媒体上或者通过其他公开方式对监管对象进行谴责。

③公开认定不适合担任上市公司董事、监事、高级管理人员或者信息披露境内代表，即在中国证监会指定媒体上或者通过其他公开方式，认定相关人员 3 年以上不适合担任上市公司董事、监事、高级管理人员或者境外发行人信息披露境内代表。

④建议法院更换上市公司破产管理人或管理人成员，即对未勤勉尽责的上市公司破产管理人或者管理人成员，建议有关人民法院予以更换。

⑤暂不接受发行人提交的发行上市申请文件，即在一定期间内不接受有关发行人提交的发行上市申请文件。

⑥暂不接受控股股东、实际控制人及其控制的其他发行人提交的发行上市申请文件，即在一定期间内不接受有关控股股东、实际控制

人及其控制的其他发行人提交的发行上市申请文件。

⑦暂不接受保荐人、承销商、证券服务机构提交的文件，即在一定期间内不接受上述主体提交的申请文件、信息披露文件。

⑧暂不接受保荐代表人及保荐人其他相关人员、承销商相关人员、证券服务机构相关人员签字的文件，即在一定期间内不接受上述人员签字的申请文件、信息披露文件。

⑨暂停或者限制交易权限，即对存在违规或者业务风险情况的交易参与人，暂停或者限制其相关交易权限。

⑩取消交易参与人资格，即对存在违规或者业务风险情况的交易参与人，取消其交易参与人资格。

⑪取消会员资格，即对存在违规或者业务风险情况的会员，取消其会员资格。

⑫限制投资者账户交易，即对存在严重异常交易或者其他违规交易行为的投资者，限制其名下证券账户或者衍生品合约账户（以下简称"合约账户"）在一段时期内的全部或者特定证券交易。

⑬要求会员拒绝接受投资者港股通交易委托，即对于在港股通交易中存在违规行为的投资者，根据香港联合交易所有限公司（以下简称"联交所"）的提请，要求相关会员拒绝接受其港股通交易委托。

⑭认定为不合格投资者，即对频繁发生异常交易行为，经采取监管措施、纪律处分后仍未采取有效改正措施，严重影响交易秩序的投资者，认定其一定期间内为不合格投资者，禁止其参与全部或者特定证券品种的交易。

⑮收取惩罚性违约金，即对存在违规行为的证券发行人及相关市场参与主体、会员等，收取一定金额的违约金。

⑯上交所规定的其他纪律处分。

上交所实施前款第⑦、⑧项纪律处分的，同时将该决定通知监管对象所在单位（如适用）及聘请其执业的上交所上市公司或相关信息披露义务人。在暂不接受文件期间，上交所可以决定是否对该监管对象出具且已受理的其他文件中止审查。

三 自律监管措施、纪律处分的适用范围

对于监管对象实施的违反监管规则的行为，证券交易所均有权依据监管对象的违规行为对证券市场、上市公司、投资者以及证券监管工作造成影响的严重程度等因素实施具体的自律监管措施或者纪律处分，证券交易所对其所实施的自律监管措施或者纪律处分有一定的裁量权，证券交易所实施的监管措施和纪律处分可以一并实施。

此外，《上交所实施办法》明确了公开谴责的适用情形，具体包括如下情形："（一）上市公司未在法定期限内披露定期报告；（二）上市公司财务会计报告明显违反会计准则、制度或者相关信息披露规范性规定，被会计师事务所出具非标准无保留意见的审计报告；（三）上市公司财务会计报告存在重要的前期差错或者虚假记载，影响重大的，或者被监管部门责令改正但未在规定期限内改正；（四）上市公司信息披露违规行为涉及的重大交易（包括收购、出售资产、对外提供担保、关联交易等事项）金额达到需提交股东大会审议的标准，且情节严重，市场影响恶劣；（五）上市公司未按照规定披露业绩预告或者披露的业绩预告、业绩快报与实际披露的财务数据存在重大差异，且相关数据对公司股票被实施风险警示、暂停上市或者终止上市等事项或者条件具有重大影响；（六）监管对象的违规行为对上市公司的证券发行上市、风险警示、暂停上市、恢复上市、终止上市、重新上市、重大资产重组、权益变动、要约收购豁免、股权激励计划等事项或者条件具有重大影响；（七）上市公司违反规定使用募集资金的金额巨大，且情节严重，市场影响

恶劣；（八）上市公司控股股东、实际控制人等关联人严重违反诚信义务，通过资金占用、违规担保、资产交易等手段侵害上市公司利益，且情节严重，市场影响恶劣；（九）监管对象未履行或者未及时、充分履行所作出的重大承诺，情节严重，造成市场或者投资者重大反响；（十）监管对象违规买卖上市公司股份或者违反中国证监会《上市公司收购管理办法》规定的信息披露义务，涉及上市公司控制权变化；（十一）最近 3 年内，上市公司或者境外发行人董事长、总经理在公司信息披露制度建设等方面严重失职，导致公司董事会秘书、信息披露境内代表或财务总监因信息披露违规而离职或被要求更换的次数合计达到 2 次以上（含 2 次）；（十二）上市公司信息披露不真实、不准确、不完整，可能对投资者决策产生重大误导，情节严重；（十三）上市公司在规范运作、公司治理、内部控制等方面存在重大缺陷或者未能得到有效执行，情节严重；（十四）上市公司董事、监事、高级管理人员违反忠实义务，严重侵害上市公司利益，情节严重；（十五）上市公司董事、监事、高级管理人员、境外发行人信息披露境内代表违反勤勉义务，造成公司信息披露重大违规、公司治理结构发生重大缺陷或者其他重大损失；（十六）其他情节严重、影响恶劣的违规行为。"

四 自律监管措施及纪律处分的程序

（一）实施自律监管措施、纪律处分的主体

对于实施自律监管措施、纪律处分的主体，上交所和深交所有所不同。

其中，上交所按照监管措施类别及纪律处分做出区分：口头警示的监管措施一般由该所监管工作人员决定并实施；其他监管措施通常由该所监管部门（即公司监管部，下同）实施口头警示，由监管工作人员提出建议，监管部门向监管对象发出监管措施书面决定；

监管部门根据监管措施类型、影响程度等，认为有必要的，可将采取监管措施的建议提交上交所纪律处分委员会审核。建议更换相关任职人员、对未按照要求改正的证券发行人相关证券实施停牌、向相关主管部门出具监管建议函及暂停受理或办理相关会员、其他交易参与人业务，由上交所做出决定并实施。纪律处分委员会审核纪律处分事项。

深交所监管措施类别及纪律处分的实施主体具体如下：自律监管措施由深交所或者深交所有关业务部门（即公司管理部、中小板公司管理部、创业板公司管理部，下同）实施。深交所业务部门可以设立由本部门专业人员组成的监管工作小组，对发起限制交易或者实施其他自律监管措施进行审议。业务部门拟实施建议当事人更换相关任职人员、向相关主管部门出具监管建议函以及对会员、其他交易参与人的书面警示、暂停受理或者办理相关业务的，还应当提交深交所纪律处分委员会审议。深交所纪律处分委员会审议纪律处分及上述涉及的需提交自身审议的自律监管措施。

（二）自律监管措施的实施程序，以上交所为例

根据《上交所实施办法》规定，上交所自律监管措施的实施程序主要包括如下内容。

实施口头警示措施的，由上交所监管工作人员通过电话、电子系统等形式向监管对象或监管对象的法定代表人、主要负责人、直接负责人作出，或者通过监管对象委托交易的会员或者其他交易参与人转达。

实施书面警示措施的，由上交所或者上交所监管部门向监管对象发出书面决定，或者通过监管对象委托交易的会员或者其他交易参与人转达。

实施监管谈话措施的，上交所监管部门应当至少提前3个交易日向谈话对象发出书面决定，告知谈话的时间、地点、事项和应当提供

的书面材料等内容。监管谈话应当由上交所 2 名以上工作人员参加，制作谈话笔录并由谈话对象签字确认。

实施要求限期改正措施的，由上交所监管部门向监管对象发出书面决定，告知其改正的事项、时限和要求等内容。

实施要求公开更正、澄清或说明措施的，由上交所监管部门向监管对象发出书面决定，告知其要求公开更正、澄清或说明的事项、时限和公开的方式等内容。

实施要求公开致歉措施的，由上交所监管部门向监管对象发出书面决定，告知其需要致歉的事项、时限、方式和要求等内容。

实施要求聘请保荐人、证券服务机构进行核查并发表意见措施的，由上交所监管部门向监管对象发出书面决定，告知其需要核查的有关问题、事项以及时限和要求等内容。

实施要求保荐人聘请第三方机构进行核查并发表意见措施的，由上交所监管部门向监管对象发出书面决定，告知其需要核查的有关问题、事项以及时限和要求等内容。

实施要求限期参加培训或考试措施的，由上交所监管部门向监管对象发出书面决定，告知其参加培训或考试的种类、时限和要求等内容。

实施要求限期召开投资者说明会措施的，由上交所监管部门向监管对象发出书面决定，告知其召开投资者说明会的事项、时限和要求等内容，并在中国证监会指定媒体或上交所网站予以公开。

实施要求上市公司董事会追偿损失措施的，由上交所监管部门向上市公司发出书面决定，告知其应追偿损失的事项、时限和要求等内容。

实施对未按要求改正的上市公司暂停适用信息披露直通车业务措施的，由上交所监管部门向上市公司发出书面决定，告知其暂停的原因、时间、暂停后对其信息披露文件的审核要求、恢复适用信息披露直通车业务的条件等内容。

实施建议上市公司更换相关任职人员措施的，由上交所向上市公司发出书面决定，告知其建议更换的有关任职人员的姓名、职务和具体要求等内容，以及实施监管措施的原因。

实施对未按要求改正的证券发行人相关证券实施停牌措施的，由上交所向证券发行人发出书面决定，告知其停牌的原因、停牌的品种、停牌日期和具体要求等内容。

实施向相关主管部门出具监管建议函措施的，由上交所向相关主管部门发出书面函件，告知其监管对象违规事实、风险状况并建议其采取相应监管措施，同时向监管对象发出书面决定，告知其实施监管措施的事项、简要理由及监管建议函的主要内容。

实施暂停受理或办理相关会员、其他交易参与人业务措施的，由上交所向相关会员、其他交易参与人发出书面决定，告知其暂停受理或者办理的业务类型、暂停期间、暂停原因等内容。

实施将账户列为重点监控账户措施的，由上交所监管部门将有关账户名单发送至会员或者其他交易参与人，会员或者其他交易参与人应当加强相关账户的客户管理工作。

实施要求投资者提交合规交易承诺书措施的，由上交所监管部门作出书面决定，并通过会员或者其他交易参与人向监管对象转达，告知其违规事项、需要承诺的事项等内容。

实施暂停投资者账户交易措施的，由上交所监管部门直接限制投资者名下证券账户或者合约账户买卖全部或者特定证券的交易权限，并应当以书面形式通知其委托交易的会员或者其他交易参与人转达。

实施暂停联交所证券交易服务公司交易措施的，由上交所监管部门直接限制其买卖全部或者特定证券的交易权限，并以书面形式通知联交所证券交易服务公司。

（三）纪律处分的实施程序，以上交所为例

1. 监管部门发出纪律处分意向书

根据《上交所实施办法》规定，上交所监管部门认为应对监管对象实施纪律处分的，应当以部门名义向监管对象发送纪律处分意向书，但属于以下情形之一的除外：①监管对象违规事实清楚且情况紧急，需要立即启动纪律处分程序的；②拟实施限制投资者账户交易的纪律处分的；③拟实施要求会员拒绝接受投资者港股通交易委托的纪律处分的；④发送纪律处分意向书可能对纪律处分实施效果产生重大影响的其他情形。

2. 监管对象异议回复

监管对象应当自收到纪律处分意向书后5个交易日内，书面回复是否接受上交所将实施的纪律处分，对将实施的纪律处分有异议的，应当书面说明理由。无正当理由逾期不回复的，视为无异议。

3. 提交纪律处分建议书

监管对象对纪律处分意向书予以书面回复或者届期未作回复的，上交所监管部门应当及时向纪律处分工作小组提交书面的纪律处分建议书及相关材料。

4. 纪律处分审核会议审核

纪律处分工作小组应当及时对上交所监管部门提交的纪律处分建议书及相关材料进行形式审核。材料完备的，予以接纳并及时安排召开纪律处分审核会议。

纪律处分审核会议表决，以记名方式进行，表决票设同意票和反对票两种。同意票数达到3票为通过，少于3票为未通过。由3名委员审核的，同意票数达到2票为通过，少于2票为未通过。参审委员投反对票的，应当在表决票上说明反对的理由。

纪律处分委员会根据审核表决结果对提请审核的纪律处分事项进行处理。

5. 暂缓表决的情形

参审委员发现存在明显影响判断且尚待进一步调查核实的重大问题时，可以在审核会议上提议暂缓表决。经 2 名以上参审委员提议，应当暂缓表决。

6. 理事会审议通过

对于作出取消会员资格的纪律处分决定，还需要经上交所理事会审议通过。

（四）复核程序，以上交所为例

根据《上海证券交易所复核实施办法（2019 年修订）》，可以向上交所提出复核申请的决定范围包括以下 9 种。

①不予上市、暂停上市、终止上市决定、不同意主动终止上市的决定，但根据监管对象申请予以终止上市的除外。

②对公司股票实施重大违法强制退市的决定。

③暂不接受发行人提交的发行上市申请文件，暂不接受控股股东、实际控制人及其控制的其他发行人提交的发行上市申请文件的纪律处分决定。

④暂不接受保荐人、承销商、证券服务机构提交的文件，暂不接受保荐代表人及保荐人其他相关人员、承销商相关人员和证券服务机构相关人员签字的文件的纪律处分决定。

⑤公开谴责，公开认定不适合担任上市公司董事、监事、高级管理人员、信息披露境内代表的纪律处分决定。

⑥暂停或限制交易权限、取消交易参与人资格、取消会员资格的纪律处分决定。

⑦限制投资者账户交易、认定为不合格投资者的纪律处分决定。

⑧符合规定范围的收取惩罚性违约金的纪律处分决定。

⑨上交所业务规则规定的其他可以申请复核的事项。

申请人就第①项中涉及决定申请复核的，应当在收到上交所有关决定或者上交所公告有关决定之日（以在先者为准）起 5 个交易日内向上交所提交申请。申请人就第②项至第⑨项涉及决定申请复核的，应当在收到上交所有关决定或者上交所公告有关决定之日（以在先者为准）起 15 个交易日内向上交所提交申请。

上交所自受理复核申请后 60 个交易日内，根据复核会议决议，对申请人复核申请作出决定。存在特殊情形的，经复核委员会同意可延长复核决定期限，延长期限不超过 30 个交易日。复核会议决议不同意维持上交所决定的，上交所于前款规定时限内作出撤销原决定的决定。撤销原决定的，上交所可以视情况作出新的决定，但不得以同一事实和理由作出与原决定相同或者基本相同的决定。申请人根据要求补充相关材料的时间、因委员回避而调整会议日期的时间、上交所聘请相关专业机构或者专家发表专业意见的时间、听证程序涉及的时间，不计入上交所作出有关决定的期限。

（五）听证程序，以上交所为例

根据《上海证券交易所自律管理听证实施细则（2019 年修订）》，可以申请进行听证的决定范围包括：上交所在纪律处分审核、终止上市审核、复核等过程中，作出以下自律管理决定前，根据监管对象申请或者自律管理需要举行听证会，听取监管对象的陈述及申辩意见。

①公开谴责、公开认定不适合担任相关职务、暂停或者限制交易权限、取消交易参与人资格、取消会员资格、认定为不合格投资者、收取惩罚性违约金的纪律处分决定。

②暂不接受发行人提交的发行上市申请文件，暂不接受控股股东、实际控制人及其控制的其他发行人提交的发行上市申请文件，暂不接受保荐人、承销商、证券服务机构提交的文件，暂不接受保荐代表人及保荐人其他相关人员、承销商相关人员、证券服务机构相关人

员签字的文件的纪律处分决定。

③股票、存托凭证、公司债券的终止上市决定，但根据监管对象申请终止上市的，因公司债券到期、募集说明书约定或公司债券发行人解散、依法被责令关闭、被宣告破产等情形终止上市的，以及在作出对上市公司股票实施重大违法强制退市的决定过程中已经举行听证的除外。

④对上市公司股票实施重大违法强制退市的决定。

⑤复核决定，但作出原自律管理决定过程中已经举行听证的除外。

⑥上交所认为需要举行听证的其他自律管理决定。

上交所就纪律处分事项举行听证的，由纪律处分委员会组织召开听证会。就终止上市、重大违法强制退市事项举行听证的，由上市委员会组织召开听证会。

在参与听证的人员安排上，监管对象为个人的，应当亲自参加听证。确有正当理由不能亲自参加并经上交所同意的，可以委托1名熟悉听证事项情况的人员参加。监管对象为单位的，应当由法定代表人或者其授权的1名熟悉听证事项情况的本单位工作人员参加听证。从字面来看，监管对象为个人的，可以聘请的熟悉听证事项情况的人员应该包括律师。但是监管对象为单位的，排除了外部律师作为代理人参加听证的情形。

这一点上，深交所在《深圳证券交易所纪律处分听证程序细则》（2013年版）第十条规定，"当事人的法定代表人可以亲自参加听证，也可以委托一至二人代理参加听证。当事人一方参加听证的人数不得超过三人"。按照当时的规定，是允许外部律师作为代理人参与听证的。康达律师事务所律师也曾经代表客户参与过听证。但是，2018年，深交所在修改后的细则中，取消了该项规定，而是与上交所规则一样，限制外部律师参与听证。

当然，律师事务所仍然可以接受监管对象委托，就听证事项出具书面意见。

五　典型案例

（一）关于对远程电缆股份有限公司及相关当事人给予纪律处分的决定

当事人：

远程电缆股份有限公司，住所：江苏省宜兴市官林镇远程路8号；

杭州秦商体育文化有限公司，住所：杭州市滨江区滨安路1197号1号楼404室，远程电缆股份有限公司原控股股东；

夏建统，远程电缆股份有限公司原实际控制人；

夏建军，远程电缆股份有限公司时任董事长兼总经理；

冀越虹，远程电缆股份有限公司时任董事；

王书苗，远程电缆股份有限公司时任财务总监。

经查明，远程电缆股份有限公司（以下简称"ST远程"）及相关当事人存在以下违规行为：

2017年10月至2018年1月期间，ST远程时任董事长兼总经理夏建军等有关人员在未经公司内部审批的情况下，使用ST远程及其子公司公章为原控股股东杭州秦商体育文化有限公司（以下简称"秦商体育"）、原实际控制人夏建统的关联企业及夏建军个人债务提供担保。截至2018年末的担保余额为5.44亿元，占ST远程2017年末经审计净资产的36.31%。上述担保对应债务到期后，ST远程因部分履行担保责任被强制划扣银行存款，自2018年12月以来累计划扣款项金额达3.24亿元，构成原控股股东和实际控制人非经营性占用公司资金，截至目前上述款项未予偿还。

ST 远程的上述行为违反了深交所《股票上市规则（2014 年修订）》第 1.4 条、第 2.1 条、第 9.11 条、第 10.2.4 条、第 10.2.6 条，深交所《股票上市规则（2018 年 4 月修订）》第 1.4 条、第 2.1 条、第 9.11 条、第 10.2.4 条、第 10.2.6 条，深交所《股票上市规则（2018 年 11 月修订）》第 1.4 条、第 2.1 条，深交所《中小企业板上市公司规范运作指引（2015 年修订）》第 1.3 条、第 2.1.4 条、第 2.1.6 条、第 8.3.4 条和深交所《上市公司规范运作指引（2020 年修订）》第 1.2 条、第 2.1.4 条、第 2.1.6 条、第 6.3.2 条的规定。

ST 远程原控股股东秦商体育、原实际控制人夏建统违反了深交所《股票上市规则（2014 年修订）》第 1.4 条、第 2.3 条，深交所《股票上市规则（2018 年 4 月修订）》第 1.4 条、第 2.3 条，深交所《股票上市规则（2018 年 11 月修订）》第 1.4 条、第 2.3 条，深交所《中小企业板上市公司规范运作指引（2015 年修订）》第 1.3 条、第 4.1.1 条、第 4.2.1 条、第 4.2.2 条、第 4.2.3 条、第 4.2.11 条、第 4.2.12 条和深交所《上市公司规范运作指引（2020 年修订）》第 1.2 条、第 4.1.1 条、第 4.2.1 条、第 4.2.2 条、第 4.2.3 条、第 4.2.9 条、第 4.2.10 条的规定，对上述违规行为负有重要责任。

ST 远程时任董事长兼总经理夏建军未能恪尽职守、履行诚信勤勉义务，违反了深交所《股票上市规则（2014 年修订）》第 1.4 条、第 2.2 条、第 3.1.5 条、第 3.1.6 条和深交所《股票上市规则（2018 年 4 月修订）》第 1.4 条、第 2.2 条、第 3.1.5 条、第 3.1.6 条的规定，对上述违规行为负有重要责任。

ST 远程时任董事冀越虹未能恪尽职守、履行诚信勤勉义务，违反了深交所《股票上市规则（2014 年修订）》第 1.4 条、第

2.2条、第3.1.5条、第3.1.6条的规定，对上述违规行为负有责任。

ST远程时任财务总监王书苗未能恪尽职守、履行诚信勤勉义务，违反了深交所《股票上市规则（2014年修订）》第1.4条、第2.2条、第3.1.5条和深交所《股票上市规则（2018年4月修订）》第1.4条、第2.2条、第3.1.5条的规定，对上述违规行为负有责任。

鉴于上述违规事实及情节，依据深交所《股票上市规则（2014年修订）》第17.2条、第17.3条，深交所《股票上市规则（2018年4月修订）》第17.2条、第17.3条，深交所《股票上市规则（2018年11月修订）》第17.2条、第17.3条以及深交所《上市公司纪律处分实施标准（试行）》第二十条、第二十三条的规定，经深交所纪律处分委员会审议通过，深交所作出如下处分决定：

一、对远程电缆股份有限公司给予通报批评的处分。

二、对远程电缆股份有限公司原控股股东杭州秦商体育文化有限公司、原实际控制人夏建统给予公开谴责的处分。

三、对远程电缆股份有限公司时任董事长兼总经理夏建军给予公开谴责的处分。

四、对远程电缆股份有限公司时任董事冀越虹、时任财务总监王书苗给予通报批评的处分。

杭州秦商体育文化有限公司、夏建统、夏建军对深交所作出的纪律处分决定不服的，可以在收到本纪律处分决定书之日起的十五个交易日内向深交所申请复核。复核申请应当统一由远程电缆股份有限公司通过深交所上市公司业务专区提交，或者通过邮寄或者现场递交方式提交给深交所指定联系人（刘女士，电话：0755-88668240）。

对于远程电缆股份有限公司及相关当事人上述违规行为及深交所给予的处分，深交所将记入上市公司诚信档案，并向社会公开。

深圳证券交易所

2020 年 10 月 29 日

（二）关于对东海基金－工商银行－东海基金－鑫龙72号资产管理计划（第一期）名下证券账户实施限制交易纪律处分的决定 [《上海证券交易所纪律处分决定书》（〔2018〕6号）]

当事人：

东海基金－工商银行－东海基金－鑫龙72号资产管理计划（第一期），账户代码：B883331666。

经查明，2017 年 10 月 31 日，东海基金－工商银行－东海基金－鑫龙72号资产管理计划（第一期）（以下简称"鑫龙72号"）以协议转让方式减持闻泰科技（600745）股份时，承诺6个月内不减持。2017 年 12 月 22 日，该账户通过竞价交易卖出上述股票3122118股，卖出金额达110318108.52元。从交易行为看，上述账户违背相关承诺，减持数量、金额较大，严重违反了《上海证券交易所上市公司股东及董事、监事、高级管理人员减持股份实施细则》第三条的相关规定。

上海证券交易所（以下简称"上交所"）于 2017 年 12 月 26 日向鑫龙72号的管理人东海基金管理有限责任公司（以下简称"东海基金"）发送了《关于对东海基金－工商银行－东海基金－鑫龙72号资产管理计划（第一期）证券账户实施限制交易的意向书》。2018 年 1 月 3 日，东海基金书面回复表示接受相关惩戒，但提出其违规系由相关工作人员疏忽所致、不存在主观故意，已进行内部追责、整改并配合调查，限制交易可能使投资人利益受到较大损失，希望适当减轻处分。

上交所认为，鑫龙72号违规事实清楚，东海基金所述理由均不构成减轻处分的情节，故不予采纳。为维护证券市场交易秩序，保护投资者合法权益，根据《上海证券交易所上市公司股东及董事、监事、高级管理人员减持股份实施细则》第十七条和《上海证券交易所纪律处分和监管措施实施办法》等相关规定，决定对鑫龙72号证券账户实施限制交易6个月的纪律处分，即自2018年1月17日至2018年7月16日不得卖出闻泰科技（600745）股票。

对于上述纪律处分，上交所将通报中国证监会，并记入证券期货市场诚信档案数据库。

如对上述纪律处分决定不服，当事人可于15个交易日内向上交所申请复核，复核期间不停止本决定的执行。

上交所重申，投资者从事证券交易活动，应严格遵守法律法规、部门规章、规范性文件和上交所业务规则，严格履行所做出的承诺，自觉维护证券市场秩序。

上海证券交易所

2018年1月16日

（三）关于对河南银鸽实业投资股份有限公司、控股股东漯河银鸽实业集团有限公司、实际控制人孟平及有关责任人予以纪律处分的决定〔《上海证券交易所纪律处分决定书》（〔2020〕82号）〕

当事人：

河南银鸽实业投资股份有限公司，A股证券简称：退市银鸽，A股证券代码：600069；

漯河银鸽实业集团有限公司，河南银鸽实业投资股份有限公司控股股东；

孟　平，河南银鸽实业投资股份有限公司实际控制人；

顾　琦，时任河南银鸽实业投资股份有限公司董事长；

邢之恒，时任河南银鸽实业投资股份有限公司董事会秘书；

刘晓军，时任漯河银鸽实业集团有限公司执行董事；

胡志芳，漯河银鸽实业集团有限公司法人代表；

孟灵魁，时任河南银鸽实业投资股份有限公司董事；

王友贵，时任河南银鸽实业投资股份有限公司董事；

罗金华，时任河南银鸽实业投资股份有限公司董事；

封云飞，时任河南银鸽实业投资股份有限公司董事；

刘汴生，时任河南银鸽实业投资股份有限公司独立董事；

陶雄华，时任河南银鸽实业投资股份有限公司独立董事；

赵海龙，时任河南银鸽实业投资股份有限公司独立董事；

方福前，时任河南银鸽实业投资股份有限公司独立董事；

杨向阳，时任河南银鸽实业投资股份有限公司监事；

陈应楼，时任河南银鸽实业投资股份有限公司监事；

董　晖，时任河南银鸽实业投资股份有限公司副总经理；

汪　君，时任河南银鸽实业投资股份有限公司财务总监。

一　上市公司及相关主体违规情况

经查明，河南银鸽实业投资股份有限公司（以下简称"公司"）、控股股东漯河银鸽实业集团有限公司（以下简称"银鸽集团"）、实际控制人孟平在信息披露、规范运作方面，有关责任人在职责履行方面存在违规事项。

（一）公司违规为控股股东提供大额担保

根据中国证监会河南监管局（以下简称"河南证监局"）《关于对河南银鸽实业投资股份有限公司采取出具警示函措施的

决定》（〔2020〕4 号）、《关于对顾琦、邢之恒采取出具警示函措施的决定》（〔2020〕5 号）查明的事实，2018 年 11 月 21 日，公司作为保证人，与银行签订最高额保证合同，为控股股东银鸽集团提供主债权最高限额为 6.99 亿元的保证担保，占公司 2017 年度经审计净资产的 33.13%。公司上述担保事项构成关联担保，金额巨大，可能导致公司承担巨额偿债风险。但公司未就担保事项按规定履行董事会、股东大会决策程序，也未及时对外披露，直至目前仍未履行相关审议程序和信息披露义务。

（二）公司董事、监事、高级管理人员未勤勉尽责，未对公司对外担保情况进行充分、持续关注，也未采取有效措施对相关违规担保事项予以核查，导致公司相关信息披露不真实

2019 年 5 月 21 日，上海证券交易所（以下简称"上交所"）向公司发出 2018 年年度报告审核问询函，要求公司结合其年度报告披露的可能为银鸽集团涉及诉讼有关的借款事项提供担保事项，核实公司是否存在违规担保事项，并要求全体独立董事对此进行核查并发表意见。2019 年 6 月 22 日，公司披露回复公告称，前期披露的银鸽集团涉及借款诉讼事项已撤诉，公司对此事项无任何担保责任，也不存在违规担保事项。公司独立董事方福前称，其自 2018 年 7 月开始任职，对问询函中所涉及事项不知情。公司其他独立董事均称，公司遵循中国证监会及交易所信息披露有关规定，经股东大会、董事会审议通过的对外担保已做充分完整的披露，公司未存在违规担保事项。

2019 年 9 月 3 日，上交所就有关投诉举报质疑公司涉嫌违规担保等事项，向公司发出监管工作函，再次要求公司核实是否存在违规担保行为等问题。2019 年 10 月 29 日，公司披露回函公告称，除已经披露过的担保事项，未为银鸽集团及其他第三方提供相应的担保，且未发现上述担保事项相关记录。公司董事长

也表示未在函件提及的担保事项中签字。

2019年12月，有媒体报道称，公司涉及多笔违规担保，且金额较大。上述媒体报道经广泛转载，市场关注度高。经监管督促，公司于2019年12月7日披露关于媒体报道的澄清公告称，公司已自查2017年度和2018年度公司印章使用登记，除公司已披露过的对外担保事项外，未发现公司在其他担保协议上加盖公章的记录，也未查到相关事项的授权委托记录。公司经询问时任董事长，其确认未在报道中提及的担保事项中签字；公司经询问用章管理人，其确认未在报道中提及的担保事项中盖章；公司查阅总经理会议纪要或协议，也未发现上述相关的担保协议。

后经河南证监局查实，2018年11月21日，公司作为保证人，与银行签订最高额保证合同，为控股股东银鸽集团提供主债权最高限额为6.99亿元的保证担保。

公司全体董事、监事、高级管理人员未能勤勉尽责，在市场高度关注公司涉嫌违规担保情况下，未对担保事项进行充分、持续关注并采取有效措施督促公司进行调查核实，导致公司关于担保情况的信息披露不真实。

（三）公司擅自泄露未公开重大信息，导致相关信息先于法定披露渠道披露

2020年6月2日晚间，有媒体报道称，自公司处获悉，公司第三大股东漯河市发展投资控股集团有限公司（以下简称"漯河发投"）以告知函形式通知公司，漯河发投于6月2日开始通过二级市场增持公司股票。上述媒体报道还提及，公司控股股东银鸽集团在接受采访时表示，漯河发投此次增持计划将使用不高于10000万元的资金。媒体报道上述信息后，6月3日公司股票价格涨停。

经监管问询，公司于2020年6月5日、6月6日披露回复公

告及更正公告称，公司时任董事长顾琦于 6 月 2 日收到漯河发投增持告知函，漯河发投称将择机增持公司股票，但未告知其已增持金额、具体增持计划。顾琦以微信形式将告知函发送至包括银鸽集团有关人员在内的微信工作群。银鸽集团获悉相关信息后，结合前期债务问题处置有关沟通会内容、口头商议的增持上限不超 10000 万元的情况，安排员工撰写上述涉及漯河发投增持计划将使用不高于 10000 万元资金事项的新闻稿件，并由公司职工监事陈应楼将稿件发送至媒体。上述公告同时披露称，漯河发投于 2020 年 6 月 2 日、6 月 3 日分别增持公司股票 3.1 万股、20 万股，涉及资金约 20 万元，并拟自 2020 年 6 月 2 日起 6 个月内，增持公司股票金额不低于 2000 万元，不高于 10000 万元。

另经查明，2020 年 6 月 2 日上述增持计划信息发布前，公司股票价格已连续 15 个交易日低于面值，存在面值退市风险。

二　责任认定和处分决定

（一）责任认定

公司违规为关联方提供大额担保，未履行董事会、股东大会决策程序和信息披露义务，并擅自向控股股东及有关媒体泄露重大信息，导致相关信息先于法定披露渠道披露。上述行为违反了《关于规范上市公司与关联方资金往来及上市公司对外担保若干问题的通知》第二条，《上海证券交易所股票上市规则》（以下简称《股票上市规则》）第 2.1 条、第 2.3 条、第 2.4 条、第 2.6 条、第 2.15 条、第 9.11 条、第 10.2.6 条等有关规定。

控股股东银鸽集团作为被担保方，孟平作为公司实际控制人，违反诚实信用原则，利用控制地位侵占上市公司利益，涉及金额巨大，对公司违规担保行为负有主要责任。银鸽集团时任法人代表胡志芳、时任执行董事刘晓军作为银鸽集团经营管理主要责任人，直接决策和参与实施相关违规担保事项，对违规担保行为负有主要责任。银鸽集团、孟平、刘晓军、胡志芳的上述行为严重违反了《关于规范上市公司与关联方资金往来及上市公司对外担保若干问题的通知》第二条，《股票上市规则》第1.4条、第2.1条、第2.23条和《上海证券交易所上市公司控股股东、实际控制人行为指引》第1.4条、第2.4.1条等相关规定。

公司时任董事长顾琦作为公司主要负责人和信息披露第一责任人，时任董事会秘书邢之恒作为公司信息披露事务的具体负责人，未能勤勉尽责，对上述违规担保行为负有责任。同时，公司时任董事长顾琦，时任董事孟灵魁、王友贵、罗金华、封云飞，时任独立董事刘汴生、陶雄华、赵海龙、方福前，时任监事胡志芳、杨向阳、陈应楼，时任副总经理董晖，时任财务总监汪君，时任董事会秘书邢之恒作为公司的董事会、监事会成员及高级管理人员，在媒体报道引起市场关注、上交所多次发函要求核查的情况下，仍未勤勉尽责，未对公司对外担保事项予以充分关注，也未采取措施积极调查、全面核实相关担保事项，导致公司信息披露不真实。此外，控股股东、时任公司董事长顾琦和时任公司监事陈应楼直接参与实施擅自泄露未公开重大信息，导致相关信息先于法定披露渠道披露，对相关违规行为负有主要责任。上述人员的行为违反了《股票上市规则》第2.2条、第3.1.4条、第3.1.5条、第3.2.2条的规定及其在《董事（监事、高级管理人员）声明及承诺书》中做出的承诺。

（二）公司及有关责任人异议理由及申辩意见

上交所对本单纪律处分事项进行审核，并根据有关责任人的申请举行了听证。有关责任人在异议回复及听证中提出如下申辩理由：

公司辩称，关于违规担保事项，公司对本次纪律处分涉及的6.99亿元最高额保证合同上公司公章和董事长签字的真实性均存在异议，且公司未经内部决议向股东提供的担保无效，公司是否须承担担保责任存在不确定性。经自查，公司未发现上述保证合同上加盖公章记录，也未查到相关授权委托事项。经询问用章管理人和董事长，用章管理人表示未在上述合同中加盖公司公章，董事长也表示未在上述合同中签字。同时，公司通过河南证监局知晓上述违规担保事项，公司方面尚不能确认有关情况。自媒体报道公司涉嫌违规担保以来，公司已向媒体报道涉及债权方发函询证有无公司违规担保的情况，中诚信托回函称"不存在担保关系"，其他相关方未回函或予以退件。河南证监局通过行使执法、调查手段才获悉银行提供的担保合同，但公司始终未见到原件。鉴于上述情况，公司认为自身不存在主观故意隐瞒。关于擅自泄露未公开重大信息违规事项，公司认为媒体报道系银鸽集团相关人员组织提供。公司关注到相关报道之后，立即于次日晨间对媒体报道涉及股东增持事项进行公告说明，并充分提示风险。其后，公司又组织相关方进行核查，回复交易所工作函并说明增持计划具体情况。

银鸽集团辩称，关于违规担保事项，2019年3月银鸽集团收到法院传票及相关的《担保合同》和《承诺函》复印件后，经内部核查判定，不存在违规担保相关情形。媒体报道公司涉嫌违规担保问题后，核实内部存档贷款合同显示，银鸽集团与银行之间存在6.99亿元股票质押融资贷款，但存档的融资资料中未见要求银鸽投资提供担保相关条款和文件。本次违规担保的真实性以及有效性均无法确定，不确定是否会对公司产生实际影响。同时，不排除时任高管涉嫌跨过银鸽集团代表集团或上市公司签署相关违规担保合同。银鸽集团实行一名执行董事机制，2017年3月至2019年2月银鸽集团执行董事为刘晓军。银鸽集团曾于2019年3月电话向刘晓军核实情况，刘晓军表示从未有过相关事件。此外，银鸽集团情况困难，但正积极自救，并努力挽救员工就业机会。

公司实际控制人孟平辩称，关于违规担保事项，其未以股东身份干预公司经营，不曾利用控制地位侵占公司利益。据目前所获得的信息，公司涉嫌为银鸽集团提供违规担保事项，均发生在2017年至2019年上半年，当时的管理层主要由执行董事刘晓军负责，2019年2月该团队主要成员已离职。其当时不知情，最近通过媒体报道和公司收到的有关监管函件才知晓。

公司时任董事长顾琦辩称，关于违规担保事项，其未曾见过上述担保合同原件，未在相关担保合同中签字，未批示过相关印章使用流程，对担保合同及其签字真实性存在疑问。同时，公司通过媒体获知公司涉嫌违规担保后，其高度重视，就相关事项进行大量调查、处理及督促工作。关于擅自泄露未公开重大信息违规事项，其称在收到漯河发投增持计划《告知函》后，将函件发送至包括银鸽集团相关人员在内的微信群，但未授意有关人员将信息向媒体披露。增持计划事项核实过程中，其积极组织协调，督促各方回复交易所关于增持计划的工作函。

公司时任董事会秘书邢之恒辩称，关于违规担保事项，公司出现涉嫌违规担保事项后，其督促相关部门进行自查，并积极组织部门人员对相关媒体报道和监管部门问询进行回复。同时，其在公司涉嫌违规担保问题被媒体爆出之前并不知情，且其本人及分管部门均未参与相关内部用印审批请示等工作。

银鸽集团执行董事刘晓军辩称，关于违规担保事项，其参与公司为银鸽集团6.99亿元主债权提供担保的业务流程，但未参与该笔交易的方案决策，法院笔录等显示银鸽集团法人代表胡志芳系相关事项决策者。同时，自身没有个人利益和不良动机，也不存在欺骗、隐瞒或误导相关主体的主观过错。

公司时任董事王友贵、孟灵魁、封云龙，时任监事杨向阳、陈应楼，时任副总经理董晖，时任财务总监汪君辩称，关于违规担保事项，一直督促公司核实相关情况，如有关人员代表公司对外签署担保文件但故意隐瞒，自身难以获知。关于擅自泄露未公开重大信息违规事项，时任公司监事陈应楼还辩称，由于负责公司宣传工作，在当地媒体有良好工作基础，因此协助银鸽集团传递新闻稿件。其收到稿件后，向银鸽集团相关人员询问稿件内容的真实性及是否收到漯河发投相关函件，在对方确认后才将稿件交与相关媒体报道，自身并未有主观故意行为。

公司时任独立董事刘汴生、陶雄华、赵海龙、方福前辩称，关于违规担保事项，能够了解公司情况手段有限，难以发现相关情况，自身在其任职范围内参加公司董事会、股东大会，并提出专业意见，多次主动向公司董事长、董秘提出风险防范的建议。

（三）纪律处分决定

对于公司、控股股东、实际控制人及有关责任人所提申辩理由，上交所认为均不成立。

一是公司违规向控股股东银鸽集团提供主债权限额为 6.99 亿元的保证担保，相关担保合同经公司时任董事长顾琦签字，并加盖公司公章。上述违规事项已经河南证监局查实。同时，银鸽集团时任执行董事刘晓军已经在其异议回复中确认其参与上述违规担保的业务流程，并称银鸽集团法人代表胡志芳决策违规担保事项，胡志芳对相关违规事实无异议。据此，公司违规为控股股东提供关联担保的违规事实清楚、证据充分。公司、银鸽集团及有关责任人未能就公司公章、董事长签字及担保合同真实性存疑提供相关证据予以证明。据此，对控股股东、公司及相关责任人提出的公章、签名及担保合同真实性存疑等相关异议理由不予采纳。此外，银鸽集团提出其经营困难、积极自救等异议理由与相关违规事实无直接关系，不影响对违规事实的认定及其责任承担。

二是控股股东作为违规关联担保的受益方，涉及数额巨大，且控股股东时任主要负责人对违规接受上市公司担保事项无异议。孟平作为上市公司和控股股东的实际控制人，应当确保控股股东依法合规行使股东权利，督促上市公司规范运作，其称对相关事项不知情难以成立，也不能以不知情为由推卸其应尽的法定义务。公司时任执行董事刘晓军在异议回复中已明确参与公司为银鸽集团提供担保的业务流程，是违规担保事项的具体执行人，其所称无主观故意、无不良动机等不能成为减免处分的合理理由。

三是对外担保情况为市场和投资者高度关注事项，公司董事、监事、高级管理人员理应对此保持充分、持续关注。在前期媒体多次质疑公司涉嫌存在巨额违规担保事项以及监管机构多次发函明确要求核查违规担保事项的情况下，公司董事、监事、高级管理人员仍未能予以重视，未能采取有效措施督促公司开展核查，导致公司仅采取了查询用章记录、发函询证被动等待第三方回复等消极核查手段，且在绝大多数债权方未回函或退件的情况下，仅凭无用章记录、控股股东回复无担保事项以及个别回复函证，就草率得出公司不存在违规对外担保的结论并对外披露，导致相关信息披露与事实情况不符。相关董事、监事及高级管理人员所称高度重视督促公司核实、积极组织自查等异议理由不能成立，所称不存在主观故意、手段有限、履职时间短、难以获知相关情况、进行问询回复等，不足以构成减免处分的正当理由。此外，纪律处分意向已充分综合考虑相关责任人权限范围、履职能力等因素，对其违规责任进行了合理划分。

四是在公司已面临面值退市风险的情况下，重要股东的增持计划可能使投资者对公司股价形成积极预期，属于应当予以披露的重大信息，应当在中国证监会指定的媒体上真实、准确、完整、及时、公平地披露。但公司未做好信息发布的管理工作，导致重要股东增持计划信息通过媒体报道先于法定披露渠道披露，违规事实清楚。公司时任董事长顾琦、监事陈应楼作为公司董事、监事，理应知悉信息披露相关规范要求，但顾琦却在明知相关微信工作群包括银鸽集团工作人员的情况下，擅自将增持告知函发送至微信工作群中，且未就相关信息披露事项作出任何提示，导致未公开重大信息泄露；陈应楼将新闻稿件传递至媒体，直接导致相关违规行为的发生，公司及相关责任人所称新闻稿件由控股股东工作人员提供、未授意媒体传播、无主观故意等不能作为减免违规责任的合理理由。此外，公司及相关责任人提出次日发布公告、回复交易所工作函等，是其事后根据监管要求应当采取的补救措施，不能构成可以从轻、减轻处分的情形。

鉴于上述违规事实和情节，根据《股票上市规则》第 17.2 条、第 17.3 条、第 17.4 条和《上海证券交易所纪律处分和监管措施实施办法》的有关规定，上交所做出如下纪律处分决定：对河南银鸽实业投资股份有限公司、控股股东漯河银鸽实业集团有限公司、实际控制人孟平、时任公司董事长顾琦、时任公司董事会秘书邢之恒、控股股东漯河银鸽实业集团有限公司时任执行董事刘晓军、控股股东漯河银鸽实业集团有限公司法人代表胡志芳予以公开谴责，并公开认定孟平、顾琦 3 年内不适合担任上市公司董事、监事和高级管理人员；对公司时任董事孟灵魁、王友贵、罗金华、封云飞，时任独立董事刘汴生、陶雄华、赵海龙、方福前，时任监事杨向阳、陈应楼，时任副总经理董晖，时任财务总监汪君予以通报批评。

对于上述纪律处分，上交所将通报中国证监会和河南省人民政府，并记入上市公司诚信档案。当事人如对公开谴责、公开认定的纪律处分决定不服，可于 15 个交易日内向上交所申请复核，复核期间不停止本决定的执行。

公司应当引以为戒，严格按照法律、法规和《股票上市规则》的规定规范运作，认真履行信息披露义务；控股股东和实际控制人应当严格履行诚信义务，遵守有关法律法规的规定，积极配合公司做好信息披露工作；董事、监事、高级管理人员应当履行忠实勤勉义务，促使公司规范运作，并保证公司及时、公平、真实、准确和完整地披露所有重大信息。

上海证券交易所

2020 年 8 月 24 日

六 风险提示与实务要点

交易所的自律监管措施和纪律处分，在实践中有如下要点需要注意。

第一，交易所的自律监管措施和纪律处分，与证监会系统的监管措施存在并列关系。实践中，存在被证监会或证监局采取行政监管措施或行政处罚后，被交易所再次采取自律监管措施和纪律处分的情形；也存在被交易所采取自律监管措施和纪律处分后，被证监会或证监局再次采取行政监管措施或者行政处罚的情形。因此，某一个违法违规行为，被证监会及交易所同时采取监管措施是非常常见的，后果常常具有叠加效应。

第二，交易所的自律监管措施和纪律处分，会产生延续性的后果。以公开谴责为例，存在的后果就包括：①大股东、董事、监事、高级管理人员因违反交易所业务规则，被交易所公开谴责未满 3 个月的不得减持；②影响 IPO 和借壳，董事、监事、高级管理人员最近

12 个月内受到证券交易所公开谴责；③影响再融资，（公开发行）最近 12 个月上市公司、董事、监事、高级管理人员受到证券交易所公开谴责；（非公开发行）最近 12 个月董事、高级管理人员受到证券交易所公开谴责；④股权激励，最近三年被证券交易所公开谴责或宣布为不适当人选的不得成为激励对象；⑤任职资格，最近三年受到交易所公开谴责的人员不得担任董事、独立董事、董事会秘书。所以，从表面上看，交易所的自律监管措施和纪律处分仅仅对违规行为产生直接影响，但从深层次看，将会对市场参与主体尤其是上市公司和董事、监事、高级管理人员产生延续性的影响，这些影响比起纪律处分本身要严厉得多。

第三，交易所的自律监管措施和纪律处分，不仅仅是一个结果，更是一个反复沟通协调的过程。交易所对于自律监管措施和纪律处分有着严格的实体标准和程序约束。因此，市场主体在被交易所采取调查措施开始，就要两手准备。在实体问题上，要主动积极地进行自查和整改，知错就改，立刻就改，不要拖延时间导致损失或者后果扩大化，也不要有侥幸心理。在程序上，要积极配合交易所的调查和问询，也要善于和中介机构配合，既要搜集事情本身的证据和材料，也要搜集与定量和定性有关的周边材料，积极参与调查和认定程序。尤其要重视交易所给予的申辩和听证机会，积极聘请中介机构参与。中介机构的适当参与，能够帮助市场主体和交易所理智的对话，提高办案质量和办案水平，在争取最好的结果的同时，也能让市场主体受到内部的合规性教育。

第四章　证券市场不当行为的行政处罚

第一节　证券市场行政处罚概述

一　证券监管行政处罚的法律依据

国务院证券监督管理机构在对证券市场进行监管过程中，需要履行依法对证券违法行为进行查处的职责，这是行政处罚在证券领域的特定化，因此其法律依据首先源自行政处罚的一般法——《中华人民共和国行政处罚法（2017 修正）》（以下简称《行政处罚法》）。《行政处罚法》第三条规定："公民、法人或者其他组织违反行政管理秩序的行为，应当给予行政处罚的，依照本法由法律、法规或者规章规定，并由行政机关依照本法规定的程序实施。"该法明确了我国行政处罚的种类，分别为警告、罚款、没收违法所得、没收非法财物、责令停产停业、暂扣或者吊销许可证、暂扣或者吊销执照、行政拘留等。除此之外，《中华人民共和国证券法》《中华人民共和国证券投资基金法》《证券公司监督管理条例》《证券公司风险处置条例》等法律和行政法规设定了证券领域的行政处罚。

2019 年修订的《中华人民共和国证券法》中，以专章的形式设置第十二章"证券监督管理机构"，其中第一百六十九条第九款明确了国务院证券监督管理机构的职责之一即为依法对证券违法行为进行查处。该法还在第十三章"法律责任"中，对违反该法规定的行为所要进行的行政处罚进行了具体规定，从第一百八十条到第二百一十八条明确了证券违法行为的具体情形及相应的行政处罚。国务院证券监督管理机构的行政处罚方式多样，主要是针对证券市场设置的，具体处罚手段有：责令改正、给予警告、责令停止发行、责令停止承销或代销、责令关闭、没收违法所得、罚款、限制股东权利、暂停或者撤销相关许可、禁止其在一定期限内从事相关业务、取缔等。除了该法第二百条规定非法开设证券交易场所行为的行政处罚，由县级以上人民政府予以实施取缔外，其他行政处罚措施均由国务院证券监督管理机构实施。

此外，证券领域中的证券投资基金活动还由 2015 年修正的《中华人民共和国证券投资基金法》规范，根据该法第一百一十二条之规定，对基金管理人、基金托管人及其他机构从事证券投资基金活动进行监督管理，对违法行为进行查处，并予以公告的职责同样由国务院证券监督管理机构依法履行。对于违反该法的行为，在第十四章"法律责任"中规定了具体情形和行政处罚方式，处罚方式包括：对公司予以取缔或者责令改正，没收违法所得，并处罚款；对直接负责的主管人员和其他直接责任人员给予警告，暂停或者撤销基金从业资格等。

国务院 2014 年修订的《证券公司监督管理条例》在第六章"监督管理措施"第七十条中规定："国务院证券监督管理机构对治理结构不健全、内部控制不完善、经营管理混乱、设立账外账或者进行账外经营、拒不执行监督管理决定、违法违规的证券公司，应当责令其限期改正，并可以采取下列措施：（一）责令增加内部合规检查的次数并提交合规检查报告；（二）对证券公司及其有关董事、监事、高级管理人员、境内分支机构负责人给予谴责；（三）责令处分有关责任人员，并报告结果；（四）责令更换董事、监事、高级管理人员或者限制其权利；（五）对证券公司进行临时接管，并进行全面核查；（六）责令暂停证券公司或者其境内分支机构的部分或者全部业务、限期撤销境内分支机构。证券公司被暂停业务、限期撤销境内分支机构的，应当按照有关规定安置客户、处理未了结的业务。对证券公司的违法违规行为，合规负责人已经依法履行制止和报告职责的，免除责任。"在第七章"法律责任"中对证券公司违反审慎经营和对客户的诚信义务的具体情形和处罚进行了规定。

国务院 2016 年修订的《证券公司风险处置条例》中，第六十条规定了对被处置证券公司的董事、监事、高级管理人员等有关人员处以罚款，可以暂停其任职资格、证券从业资格；情节严重的，撤销其任职资格、证券从业资格，并可以按照规定对其采取证券市场禁入的措施的几种情形。具体包括拒绝配合现场工作组、托管组、接管组、行政清理组依法履行职责；拒绝向托管组、接管组、行政清理组移交财产、印章或者账簿、文书等资料；隐匿、销毁、伪造有关资料，或者故意提供虚假情况；隐匿财产，擅自转移、转让财产；妨碍证券公司正常经营管理秩序和业务运行，诱发不稳定因素；妨碍处置证券公司风险工作正常进行的其他情形。证券公司控股股东或者实际控制人指使董事、监事、高级管理人员有前款规定的违法行为的，对控股股东、实际控制人依照前款规定从重处罚。

行政处罚仅能由法律和行政法规设置，但是证券监督管理委员会也能以发布部门规章的形式对行政处罚进行进一步细化和明确。2020年 3 月 20 日中国证券监督管理委员会发布了一系列部门规章，对当月 1 日生效的《证券法》进行补充和完善。对于证券交易所的义务，中国证券监督管理委员会发布的《证券交易所管理办法》第八十七条规定，证券交易所违反规定，允许非会员直接参与股票集中交易的，中国证监会依据《证券法》作出行政处罚。《上市公司重大资产重组管理办法》第七章"监督管理和法律责任"中，对重大资产重组过程中，未依照该办法的规定履行相关义务或者程序的违法行为的相关行政处罚进行了规定，包括擅自实施重大资产重组；上市公司重大资产重组因定价显失公允、不正当利益输送等问题损害上市公司、投资者合法权益；上市公司或者其他信息披露义务人未按照本办法规定报送重大资产重组有关报告或者履行信息披露义务；上市公司或者其他信息披露义务人报送的报告或者披露的信息存在虚假记载、误导性陈述或者重大遗漏；上市公司董事、监事和高级管理人员未履行诚实守信、勤勉尽责义务，或者上市公司的股东、实际控制人及其有关负责人员未按照本办法的规定履行相关义务，导致重组方案损害上市公司利益；为重大资产重组出具财务顾问报告、审计报告、法律意见、资产评估报告、估值报告及其他专业文件的证券服务机构及其从业人员未履行诚实守信、勤勉尽责义务，违反中国证监会的有关规定、行业规范、业务规则，或者未依法履行报告和公告义务、持续督导义务；任何知悉重大资产重组信息的人员在相关信息依法公开前，泄露该信息、买卖或者建议他人买卖相关上市公司证券、利用重大资产重组散布虚假信息、操纵证券市场或者进行欺诈活动等情形。

二　证券监管行政处罚的程序

证监会处罚处理案件的一般流程，包括内部的发现初查程序、立案审批程序、案件调查程序、处罚处理程序、复议救济程序、处罚执行程序等。

（一）行政处罚调查程序

1. 调查机构分工

根据《证券法》第一百七十条的规定，进入涉嫌违法行为发生场所调查取证的职责由国务院证券监督管理机构依法履行。

中国证监会派出机构受证监会垂直领导，依法以自己的名义履行监管职责，根据《中国证监会派出机构监管职责规定》第五条规定，派出机构按照规定履行的监管职责包括：对证券期货违法违规行为实施调查、作出行政处罚。派出机构负责对辖区内证券期货违法违规案件以及中国证监会相关职能部门交办的案件或者事项进行调查。

目前，除了证监会及其派出机构对证券违法行为有调查取证职责之外，根据《中国证监会委托上海、深圳证券交易所实施案件调查试点工作规定》，证监会通过行政委托的形式，还委托上海、深圳证券交易所实施调查取证。该工作规定中明确中国证监会委托交易所实施调查取证的范围是：部分涉嫌欺诈发行、内幕交易、操纵市场、虚假陈述等违法行为；证监会还采用一事一委托的方式，委托交易所对涉嫌重大、新型、跨市场等特定违法行为，实施调查取证。

稽查局负责所受理线索的立案交办、全系统案件调查工作的协调督导评价、交办案件的统一复核移送以及派出机构自立自办案件备案管理工作。上海、深圳专员办分别与稽查总队上海支队、深圳支队合署办公，主要负责案件调查工作。

2007 年 11 月，根据中央编办批复组建了中国证监会稽查总队。稽查总队主要职责为：承办证券期货市场重大、紧急、跨区域案件，以及上级批办的其他案件。稽查总队内设的调查一处至调查十五处负责承办证券期货市场内幕交易、市场操纵、虚假陈述、欺诈发行等重大、紧急及跨区域案件调查，十五个调查处分别由五个调查大队负责协调；内审一、二处分工负责总队调查案件的内审复核工作；技术支持处负责案件调查电子取证、信息协查、稽查办案技术支持系统开发等相关技术服务工作；纪检（监察）室负责总队廉政建设与纪检监察工作；整个稽查总队负责承办重大、紧急案件，以及上级批办的其他案件。

稽查局主要负责调查内幕交易、市场操纵、虚假陈述等重大案件，以及涉及面广、影响大的要案、急案、敏感类案件，调查的覆盖面将更广；地方稽查局及各地方监管局的稽查力量，主要负责辖区内案件的调查，以及非正式调查和各类协查工作。

正如《中国证券监督管理委员会关于进一步加强稽查执法工作的意见》中进一步指出，稽查总队、上海稽查支队、深圳稽查支队以承办 A 类案件为主。各证券期货交易所和证券登记结算公司等会管单位的执法部门在承担自律监管职责的同时，应按照稽查局的统一调配，配合做好稽查执法工作。天津、沈阳、上海、济南、武汉、广州、深圳、成都、西安等 9 个大区稽查局在承办所在辖区案件的同时，需承办稽查局交办的跨辖区案件。大区稽查局以外的派出机构以自立自办所在辖区案件为主，同时根据稽查局的指定，承办或参与承办跨辖区案件的调查。调查过程中遇到可能影响案件质量、查办效果等情形的，稽查局可根据需要或承办单位申请，另行指定案件承办单位。

2. 调查机构职责

根据《证券法》第一百七十条之规定，证监会依法履行职责时，有权采取的措施有：

①现场检查；

②进入涉嫌违法行为发生场所调查取证；

③询问当事人，要求其就有关事项做出说明，或者要求其报送与被调查事件有关的文件和资料；

④查阅、复制相关资料；

⑤查阅、复制证券交易记录、登记过户记录、财务会计资料及其他相关文件和资料；对可能被转移、隐匿或者毁损的文件和资料，可以予以封存、扣押；

⑥查询账户信息；

⑦限制被调查的当事人的证券买卖；

⑧通知出境入境管理机关依法阻止涉嫌违法人员、涉嫌违法单位的主管人员和其他直接责任人员出境。

其中，第⑧款是 2019 年《证券法》新增的措施。

3. 案件调查程序

《行政处罚法》中对于行政处罚的调查程序有一般规定，除此之外，在证券领域，《中国证券监督管理委员会案件调查实施办法》中规定，派出机构自立案件，原则上由立案单位组织调查。根据具体案情和调查资源的配置使用情况，稽查一局可以调整案件的主办单位和协办单位，统一使用系统调查力量和调查资源。案件主办单位应成立调查组，指定调查组长，由调查组长负责制订具体调查计划，组织实施调查，完成调查报告。稽查一局（稽查一局和稽查二局已合并为首席稽查办公室）应指定案件协调人，协助制订调查计划，指导实施调查，提供技术支持，协调外部事项，负责后续复核、审理、听证、诉讼等相关工作。

实施调查时，调查人员不得少于 2 人，并应当出示合法证件和调查通知书。询问当事人和与被调查事件有关的人员，必须有 2 名以上调查人员参加。调查人员应当向被询问人出示合法证件，并核实被询问人身份。询问应当制作询问笔录，并经被询问人逐页签名或者盖章确认。询问笔录有修改的，应当由被询问人签名确认。调查人员应当在询问笔录上签名或者盖章。

询问时，可以对询问过程进行录音、录像，并在录音、录像制品上注明制作方法、制作时间、制作人等内容。录音、录像应当事先告知被询问人，并将告知情况记入笔录。

要求当事人和与被调查事件有关的单位和个人做出说明的，调查人员应当告知其需要说明的具体事项及要求，当事人和与被调查事件有关的单位和个人应当按要求提供说明材料，并在说明材料上签名或者盖章。

查阅、复制财产权登记、通信记录、证券期货交易记录、登记过户记录、财务会计资料及其他相关文件和资料，应当制作查阅、复制记录和清单，与案件材料一并保存。

封存可能被转移、隐匿或者毁损的文件和资料时，调查组应当报案件主办单位负责人同意。封存文件和资料，应当向当事人出具封存文件资料通知书，并对封存的文件资料进行清点登记，填制封存文件资料清单，经调查人员和当事人签字或者盖章后，一式两份分别由调查人员和当事人保存。当事人拒绝签字或者签章的，调查人员应当予以记录并注明原因。

查询资金账户、证券账户、期货账户、基金账户和银行账户时，应按照证监会有关规定办理。冻结或者查封有证据证明已经或者可能转移或者隐匿的违法资金、证券等涉案财产或者隐匿、伪造、毁损的重要证据时，应按照证监会有关规定办理。

限制涉案人员出境，由调查组提出申请，案件主办单位审核，证监会调查部门复核，报请有关负责人批准。

案件调查中，需要进行专业技术鉴定的，应当由调查组提议，报请证监会调查部门或者派出机构负责人批准后，委托或者聘请符合规定的专门机构或者人员进行鉴定。

案件调查中，派出机构可以委托其他派出机构协助调查，可以提请稽查一局协调其他派出机构协助调查。案件调查中，需要向境外证券期货监督管理机构请求协查案件或者通报违法违规信息的，通过证监会调查部门办理有关事宜。案件调查中，发现立案事项以外的其他涉嫌违法违规行为的，调查组长应与案件协调人协商决定是否纳入调查范围。对于重大案情，应报告证监会调查部门，以决定是否另行立案调查。

案件调查中，出现法定事由或者特殊情况的，可以暂停调查或者终止调查。暂停及恢复调查由调查组提出申请，案件主办单位负责人批准；终止调查由调查部门申请，证监会负责人批准。调查组负责编制调查终结报告，并经案件主办单位审核后，报送证监会调查部门。

根据《中国证券监督管理委员会关于进一步完善中国证券监督管理委员会行政处罚体制的通知》，证监会稽查部门负责立案和调查工作，保证全面查清有关事实，充分收集证据，把案件查准、查实。案件调查终结后，稽查部门应在事实清楚、证据充分的基础上，作出《案件调查终结报告》，连同全部案件卷宗材料一并移交法律部，进入案件审理阶段。稽查部门提出的《案件调查终结报告》，应详细写明案由、违法事实及相关证据，并对案件的定性提出初步意见。

（二）行政处罚审理程序

证监会行政处罚工作中，强调案件调查与处罚决定分开。根据《中国证券监督管理委员会关于进一步完善中国证券监督管理委员会行政处罚体制的通知》，行政处罚委员会的工作机构设在法律部，稽查局应当将《案件调查终结报告》连同全部案件卷宗材料一并移交法律部，法律部认为案件主要事实清楚、证据充分的，依法对当事人行为的法律性质、法律责任进行认定，提出《案件审理报告》，报会分管领导批准后提交行政处罚委员会审理。行政处罚委员会的主要职责是：制定证券期货违法违规认定规则，审理稽查部门移交的案件，依照法定程序主持听证，拟订行政处罚意见。行政处罚委员会办公室是行政处罚委员会的日常办事机构，负责行政处罚委员会日常事务，办理案件交接和移送事项，组织安排听证、审理会议，协助行政处罚委员会委员开展相关工作。

在《中国证券监督管理委员会关于进一步完善中国证券监督管理委员会行政处罚体制的通知》中，证监会根据实际情况，设立行政处罚委员会，对重大、复杂案件进行集体讨论、研究。行政处罚委员会由证监会有关业务部门负责人、派出机构主要负责人及有关专业人员组成。

行政处罚委员会实行合议制，在会分管领导指定的主持人主持下，对违法事实认定、法律适用、处理结论等进行集体讨论，提出意见。行政处罚委员会分别举行审理会和听证会，履行证监会行政处罚工作中的审理、听证职责。行政处罚委员会的工作机构设在法律部。

日常工作由法律部审理执行处根据《中国证券监督管理委员会行政处罚委员会工作规则》承办。

行政处罚委员会召开审理会，参加审理会的行政处罚委员会委员不得少于5人，经过集体讨论，充分协商后，对案件做出书面《审理意见》。必要时，行政处罚委员会可以向会外有关专家或专门机构进行咨询。

行政处罚委员会对案件进行审理后，提出《审理意见》，报会分管领导批准。行政处罚委员会认为案件事实不清、证据不足的，由法律部根据《审理意见》退回稽查部门补充调查；行政处罚委员会认为涉嫌构成犯罪的，由法律部根据行政处罚委员会的《审理意见》交由稽查部门移送司法机关；行政处罚委员会认为违法行为不成立或虽构成违法但依法不予处罚的，应当采取非行政处罚性监管措施的，由法律部根据行政处罚委员会的《审理意见》交由有关部室处理；证券违法行为涉嫌违纪及其他违法行为的，由法律部根据行政处罚委员会的《审理意见》移交各级纪检部门及政府有关执法部门处理。

对行政处罚委员会认为应当进行行政处罚的案件，法律部根据行政处罚委员会的《审理意见》拟定《行政处罚决定书（稿）》，报会分管领导批准，建议进入告知、听证程序。为了提高办案效率，对于案情简单、事实清楚、处罚较轻的案件，经会分管领导同意，可以采取简易程序，不提交行政处罚委员会审理，由法律部审查并提出《审理意见》，拟定《行政处罚决定书（稿）》，在会签有关业务部门后报会分管领导批准，建议进入告知、听证程序。

1. 简易程序

证券领域的行政处罚程序同样适用《行政处罚法》的规定，根据《行政处罚法》第三十三条的规定，行政处罚适用简易程序必须符合三个条件。

①违法事实确凿。就是说有确实充分的证据表明有违法事实存在，且确实为当事人所为。

②对该违法行为处以行政处罚有明确、具体的法定依据。

③处罚较为轻微，即对个人处以 50 元以下罚款或警告，对组织处以 1000 元以下罚款或者警告。

2. 一般程序

除上述可以由简易程序当场作出的行政处罚外，行政机关发现公民、法人或者其他组织有依法应当给予行政处罚的行为的，必须全面、客观、公正地调查，收集有关证据；必要时，依照法律、法规的规定，可以进行检查。

在证监会作出行政处罚决定之前，由法律部负责告知当事人作出行政处罚决定的事实、理由及依据，并告知当事人依法享有的陈述、申辩和要求听证等权利。公民、法人或者其他组织对行政处罚不服的，有权依法申请行政复议或者提起行政诉讼。

（三）行政处罚告知、听证程序

1. 行政处罚听证程序案件类型及申请

在《中国证券监督管理委员会行政处罚听证规则》中，明确了应当在向当事人送达的《行政处罚事先告知书》中载明当事人享有要求听证的权利的案件包括：

①责令停止发行证券；

②责令停业整顿；

③暂停、撤销或者吊销证券、期货、基金相关业务许可；

④暂停或者撤销任职资格、从业资格；

⑤对个人没收业务收入、没收违法所得、罚款，单独或者合计 5 万元以上；

⑥对单位没收业务收入、没收违法所得、罚款，单独或者合计 30 万元以上；

⑦法律、行政法规和规章规定或者中国证监会及其派出机构认为可以听证的其他情形。

当事人要求听证的，应当在《行政处罚事先告知书》送达后3日内提出听证要求。当事人逾期未提出听证要求的，视为放弃听证权利。行政处罚涉及多个当事人，部分当事人放弃听证权利的，不影响其他当事人要求听证。

中国证监会或其派出机构应当及时组织听证，并在举行听证7日前向当事人送达《听证通知书》。当事人具有正当理由的，应当在收到《听证通知书》后3日内以书面形式提出延期举行听证的申请，是否准许，由中国证监会或其派出机构决定。

2. 当事人在听证程序中享有的权利

当事人在听证程序中享有的权利应当包括：

①亲自参加听证，或者委托1~2名代理人参加听证；

②在听证召开前书面撤回听证申请；

③在听证召开前向中国证监会或其派出机构申请查阅拟对其作出行政处罚决定所依据的证据；

④根据《中国证券监督管理委员会行政处罚听证规则》第四条的规定申请相关人员回避；

⑤根据《中国证券监督管理委员会行政处罚听证规则》第十条的规定申请延期举行听证；

⑥带相关人员作为证人到听证现场为其作证；

⑦对案件事实认定、法律适用、处罚幅度等进行陈述和申辩；

⑧对案件调查人员提出的证据进行质证，并提出新的证据；

⑨与案件调查人员进行辩论和作最后陈述；

⑩法律、行政法规和规章规定的其他权利。

听证前，当事人及其代理人可以向中国证监会或其派出机构提交陈述申辩意见和证据。

3. 听证的程序

听证开始前，由书记员查明当事人及其代理人、案件调查人员等听证参加人是否到场，并宣布听证纪律；听证主持人核对听证参加人，宣布出席听证的听证员、书记员名单，告知听证参加人在听证中的权利义务，询问当事人及其代理人是否申请回避；听证主持人宣布听证开始，宣布案由；案件调查人员提出当事人违法的具体事实、证据和行政处罚建议；当事人及其代理人进行陈述和申辩，并可以提出相关事实、理由和证据；当事人及其代理人和案件调查人员双方对有关证据进行质证。经听证主持人允许，双方可以向证人、鉴定人发问；当事人及其代理人和案件调查人员双方进行辩论，经听证主持人允许，双方可以相互发问；当事人及其代理人作最后陈述；听证主持人宣布听证结束。

听证结束后，中国证监会或其派出机构应当对当事人提出的事实、理由和证据进行复核，当事人提出的事实和理由成立的，应当采纳。中国证监会或其派出机构应当根据听证复核情况，依据《行政处罚法》第三十八条的规定，对当事人作出相应的处理决定。中国证监会或其派出机构不得因当事人申辩和听证而加重处罚。

4. 参加听证会的行政处罚委员会委员的职责

行政处罚委员会委员在听取当事人及其代理人的申辩理由后，提出《听证复核意见》。参加听证会的行政处罚委员会委员组成规模一般为 3~5 人。举行听证会时，由法律部在出席听证会的行政处罚委员会委员中推荐 1 人，经会分管领导指定，作为听证会的主持人。听证结束后，出席听证会的行政处罚委员会委员应当进行合议，根据有关法律、法规及听证情况，对原拟作出的处罚决定的事实、理由和依据进行复核，经集体讨论、充分协商后，提出书面的《听证复核意见》。

（四）处罚决定的签发和送达

当事人对《行政处罚事先告知书》没有提出异议，或者没有在规定的期限内提出陈述和申辩意见的，由行政处罚委员会主审委员拟定《行政处罚决定书》，经主任委员审核后报会分管领导签发。

三　风险提示与实务要点

一方面，行政违法行为会受到证监会的行政处罚，在 2019 年《证券法》修订之后，处罚力度进一步加大，违法行为将导致更严重的财产损失；另一方面，达到刑法处罚限度的，也可能是贪污、贿赂、侵占财产、挪用财产或者破坏社会主义市场经济秩序的刑事犯罪，即使处罚结束，被处罚者也面临着诸多限制。

《科创板首次公开发行股票注册管理办法（试行）》中就要求，最近 3 年内，发行人及其控股股东、实际控制人不存在贪污、贿赂、侵占财产、挪用财产或者破坏社会主义市场经济秩序的刑事犯罪，不存在欺诈发行、重大信息披露违法或者其他涉及国家安全、公共安全、生态安全、生产安全、公众健康安全等领域的重大违法行为。董事、监事和高级管理人员不存在最近 3 年内受到中国证监会行政处罚，或者因涉嫌犯罪被司法机关立案侦查，或者涉嫌违法违规被中国证监会立案调查尚未有明确结论意见等情形。《创业板首次公开发行股票注册管理办法（试行）》中也有类似的规定。

违法行为还会被依法予以公示，《证券期货市场诚信监督管理办法（2020 修正）》第十五条规定，中国证监会对有严重违法失信情形的市场主体，在证券期货市场违法失信信息公开查询平台进行专项公示，涉及的情形就包括操纵市场、内幕交易、欺诈发行、虚假披露信息、非法从事证券期货业务、利用未公开信息交易以及编造、传播虚假信息被中国证监会及其派出机构作出行政处罚等。

因此，以行政相对人的角度看，需要做好充分的风险防范和处罚后救济的准备。首先是要做好日常的合规审查，完善公司内部风险防控制度。在有关事项上，通过明确责任人、建立激励制度、加强相关人员业务和法律知识培训等方式，尽可能从内部避免违法行为的发生。

在面对证监会的行政执法时，市场主体需要建立专业的配合与应对机制。首先，在应对证监会调查时，不仅要积极配合，还应充分说明问题，达到消除误解、避免责任扩大的效果。其次，在现场检查、调查询问、听证等环节，都要充分组织有利证据，化解或减轻法律责任。在提出申辩理由和相关证据时，要通过律师等人员的专业知识，加强针对性，加大证明力度，促进监管部门采纳相关意见和证据，从法律层面对监管指控形成有力反驳，以推翻指控或减轻责任。

第二节　信息披露违法行为的行政处罚

一　基本内容

2019 年《证券法》中专章规定信息披露相关内容，其重要地位不言而喻。较之以往，信息披露的地位更高、内容更多、要求更严、处罚更重，对于信息披露义务人提出了更高的要求。根据《证券法》第七十八条之规定，应当及时依法履行信息披露义务的主体是发行人及法律、行政法规和国务院证券监督管理机构规定的其他信息披露义务人。信息披露义务人需要做到的是：披露的信息应当真实、准确、完整，简明清晰，通俗易懂，不得有虚假记载、误导性陈述或者重大遗漏。证券同时在境内境外公开发行、交易的，其信息披露义务人在境外披露的信息，应当在境内同时披露。

《证券法》第一百九十七条对于信息披露违法行为的具体行政处罚进行了规定："信息披露义务人未按照本法规定报送有关报告或者履行信息披露义务的，责令改正，给予警告，并处以五十万元以上五百万元以下的罚款；对直接负责的主管人员和其他直接责任人员给予警告，并处以二十万元以上二百万元以下的罚款。发行人的控股股东、实际控制人组织、指使从事上述违法行为，或者隐瞒相关事项导致发生上述情形的，处以五十万元以上五百万元以下的罚款；对直接负责的主管人员和其他直接责任人员，处以二十万元以上二百万元以下的罚款。信息披露义务人报送的报告或者披露的信息有虚假记载、误导性陈述或者重大遗漏的，责令改正，给予警告，并处以一百万元以上一千万元以下的罚款；对直接负责的主管人员和其他直接责任人员给予警告，并处以五十万元以上五百万元以下的罚款。发行人的控股股东、实际控制人组织、指使从事上述违法行为，或者隐瞒相关事项导致发生上述情形的，处以一百万元以上一千万元以下的罚款；对直接负责的主管人员和其他直接责任人员，处以五十万元以上五百万元以下的罚款。"

二　典型案例

浙江尤夫高新纤维股份有限公司（以下简称"尤夫股份"）涉嫌信息披露违法违规案件［《中国证监会行政处罚决定书（尤夫股份）》（〔2020〕80号）］。

尤夫股份《2017年半年度报告》《2017年年度报告》《2018年半年度报告》披露，颜静刚为尤夫股份实际控制人。根据《中华人民共和国公司法》第二百一十六条第四项及《上市公司信息披露管理办法》（证监会令第40号）第七十一条第三项的规定，在前述报告期内，颜静刚为尤夫股份的关联方。

2017年9月至2018年6月，尤夫股份作为债务人签订借款合同、最高授信合同、商业保理合同共5份，指定的收款账户均为颜静刚等关联方控制的公司的账户或颜静刚等关联方控制的银行账户，且资金均实际转入指定账户。

2018年1月2日，尤夫股份全资子公司湖州尤夫高性能纤维有限公司（以下简称"尤夫高性能"）向上海祈尊实业有限公司（以下简称"上海祈尊"）中信银行账户转入 3 亿元资金。同日，该笔 3 亿元资金经上海祈尊中信银行账户划转至颜静刚等关联方控制的上海樘嵘贸易有限公司招商银行账户，再划转至与颜静刚等关联方存在债权债务关系的丁红的光大银行账户，前述资金划转操作均在 15 分钟内完成。2018 年 1 月 3 日，尤夫高性能与上海祈尊签订购销合同，约定合同金额 3 亿元。上海祈尊否认与尤夫高性能存在贸易往来。截至合同约定的交货期限 2018 年 6 月 25 日，上海祈尊未交付货物。

上述关联交易，2017 年度新增金额为 1.24 亿元，占 2016 年度经审计净资产的 5.12%；2018 年上半年新增金额为 3.83 亿元，占 2017 年度经审计净资产的 21.21%。

根据《公开发行证券的公司信息披露内容与格式准则第 2 号——年度报告的内容与格式》（证监会公告〔2017〕17 号）第四十条，《公开发行证券的公司信息披露内容与格式准则第 3 号——半年度报告的内容与格式》（证监会公告〔2017〕18 号）第三十八条、第四十三条的规定，尤夫股份应当在相关定期报告中披露与颜静刚等关联方的关联交易情况。尤夫股份未在《2017 年年度报告》《2018 年半年度报告》中披露该事项，导致相关定期报告存在重大遗漏。同时，尤夫股份未将前述其以债务人身份发生的借款金额计入财务报表，导致《2017 年年度报告》《2018 年半年度报告》财务报表少计负债，存在虚假记载。

2016 年 11 月至 2016 年 12 月，尤夫股份子公司深圳尤夫控股有限公司（以下简称"深圳尤夫"）对外签订最高额质押担保合同、存单质押合同共 2 份，尤夫股份子公司上海尤航新能源科技有限公司（以下简称"尤航新能源"）对外签订保证金质押协议、存单质押合同共 4 份，前述担保金额合计 7.30 亿元。

2017 年上半年，深圳尤夫对外签订存单质押合同 8 份，担保金额合计10.80亿元。2017年下半年，深圳尤夫对外签订存单质押合同1份，尤航新能源对外签订存单质押合同2份，尤夫股份对外签订担保合同8份，前述担保金额合计15.40亿元。2017年全年，尤夫股份及其子公司发生对外担保金额合计26.20亿元，其中，向颜静刚及颜静刚控制的其他公司提供的担保金额为6.30亿元，占2016年度经审计净资产的26.01%。

尤夫股份应当及时披露其签订担保合同及对外提供担保事项。尤夫股份未及时披露该重大事件。尤夫股份《2016年年度报告》未披露当期新增对外担保金额7.30亿元；《2017年半年度报告》未披露当期新增对外担保金额10.80亿元；《2017年年度报告》未披露当期新增对外担保金额26.20亿元，其中，重大关联担保金额6.30亿元。

尤夫股份应当在相关定期报告中披露其发生重大关联担保和其他对外担保事项。尤夫股份未在《2016年年度报告》《2017年半年度报告》《2017年年度报告》中披露该事项，导致相关定期报告存在重大遗漏。

在上述案情中，尤夫股份披露的《2016年年度报告》《2017年半年度报告》存在重大遗漏，《2017年年度报告》《2018年半年度报告》存在虚假记载和重大遗漏以及未及时披露重大事件的行为，违反了《证券法》第七十八条"信息披露义务人披露的信息，应当真实、准确、完整，简明清晰，通俗易懂，不得有虚假记载、误导性陈述或者重大遗漏"及第八十条"发生可能对上市公司、股票在国务院批准的其他全国性证券交易场所交易的公司的股票交易价格产生较大影响的重大事件，投资者尚未得知时，公司应当立即将有关该重大事件的情况向国务院证券监督管理机构和证券交易场所报送临时报告，并予公告，说明事件的起因、目前的状态和可能产生的法律后果"的规定,构成《证券法》第一百九十七条"信息披露义务人未按照本法规定报送有关报告或者履行信息披露义务""报送的报告或者披露的信息有虚假记载、误导性陈述或者重大遗漏"的行为。

三 相关法条

2019 年《证券法》对于各个方面的信息披露都有着较以往更高的要求。首先,强化了发行申请文件充分信息披露要求,第十九条第一款规定,发行人报送的证券发行申请文件,应当充分披露投资者作出价值判断和投资决策所必需的信息。其次,强化了收购过程中股份变动信息披露要求,第六十三条第三款规定,投资者持有或者通过协议、其他安排与他人共同持有一个上市公司已发行的有表决权股份达到 5% 后,其所持该上市公司已发行的有表决权股份比例每增加或者减少 1%,应当在该事实发生的次日通知该上市公司,并予公告。最后,明确了股份增持资金来源信息披露要求。《证券法》第六十四条规定,依照第六十三条规定举牌收购上市公司股份所作的公告,应当增加披露有关增持股份的资金来源、在上市公司中有表决权的股份变动的时间及方式等内容。

在《证券法》"信息披露"一章中,还就以下问题进行了进一步完善。

一是,扩大了信息披露义务人范围。《证券法》第七十八条第一款规定的信息披露义务人范围,由原规定的发行人和上市公司扩展到法律、行政法规和国务院证券监督管理机构规定的其他信息披露义务人。

二是,进一步明确了信息披露总体要求。《证券法》第七十八条第二款规定,对于信息披露义务人信息披露的总体要求,在原法规定"真实、准确、完整"的基础上,增加了"简明清晰,通俗易懂"的规定。该条第三款规定还增加了境内外披露同时性的要求,即若证券同时在境内境外公开发行、交易，其信息披露义务人在境外披露的信息，应当在境内同时披露。

三是，完善了定期报告披露要求。《证券法》第七十九条规定上市公司、公司债券上市交易的公司、股票在国务院批准的其他全国性证券交易场所交易的公司，应当按照国务院证券监督管理机构和证券交易场所规定的内容和格式编制定期报告，同时，要求年度报告中的年度财务会计报告应当经符合《证券法》规定的会计师事务所审计。

四是，完善了上市公司临时报告规定。《证券法》第八十条第二款规定增列以下事件为上市公司应当报送临时报告并予以公告的重大事件：①公司在一年内购买、出售重大资产超过公司资产总额30%，或者公司营业用主要资产的抵押、质押、出售或者报废一次超过该资产的30%；②公司提供重大担保或者从事关联交易，可能对公司的资产、负债、权益和经营成果产生重要影响；③公司的董事长或者经理无法履行职责；④公司的实际控制人及其控制的其他企业从事与公司相同或者相似业务的情况发生较大变化；⑤公司分配股利、增资的计划，公司股权结构的重要变化，或者依法进入破产程序、被责令关闭；⑥涉及公司的仲裁被依法撤销或者宣告无效；⑦公司的控股股东、实际控制人涉嫌犯罪被依法采取强制措施。

五是，明确了控股股东、实际控制人配合履行信息披露要求。《证券法》第八十条第三款规定，公司的控股股东或者实际控制人对重大事件的发生、进展产生较大影响的，应当及时将其知悉的有关情况书面告知公司，并配合公司履行信息披露义务。

六是，明确上市公司债券发行人重大事件报告义务。《证券法》第八十一条规定，发生可能对上市交易公司债券的交易价格产生较大影响的重大事件，投资者尚未得知时，公司应当立即将有关该重大事件的情况向国务院证券监督管理机构和证券交易场所报送临时报告，并予公告，说明事件的起因、目前的状态和可能产生的法律后果。这些重大事件包括：①公司股权结构或者生产经营状况发生重大变化；②公司债券信用评级发生变化；③公司重大资产抵押、质押、出售、转让、报废；④公司发生未能清偿到期债务的情况；⑤公司新增借款或者对外提供担保超过上年末净资产的20%；⑥公司放弃债权或者财产超过上年末净资产的10%；⑦公司发生超过上年末净资产10%的重大损失；⑧公司分配股利，作出减资、合并、分立、解散及申请破产的决定，或者依法进入破产程序、被责令关闭；⑨涉及公司的重大诉讼、仲裁；⑩公司涉嫌犯罪被依法立案调查，公司的控股股东、实际控制人、董事、监事、高级管理人员涉嫌犯罪被依法采取强制措施；⑪国务院证券监督管理机构规定的其他事项。

七是，强化了发行人的董事、监事、高级管理人员信息披露义务。《证券法》第八十二条规定，应当经发行人的董事、高级管理人员签署书面确认意见和监事会提出书面审核意见的信息披露文件，由原法规定的定期报告扩展到证券发行文件，并新增"监事应当签署书面确认意见"的要求；发行人的董事、监事、高级管理人员除应当保证发行人"所披露的信息真实、准确、完整"外，还应当保证发行人"及时、公平地披露信息"。同时，该条规定，发行人的董事、监事、高级管理人员无法保证证券发行文件和定期报告内容的真实性、准确性、完整性或者有异议的，应当在书面确认意见中发表意见并陈述理由，发行人应当披露。发行人不予披露的，董事、监事、高级管理人员可以直接申请披露。

八是，明确了信息披露同时披露原则和披露前保密要求。《证券法》第八十三条规定，信息披露义务人披露的信息应当同时向所有投资者披露，不得提前向任何单位和个人泄露。但是，法律、行政法规另有规定的除外。任何单位和个人不得非法要求信息披露义务人提供依法需要披露但尚未披露的信息。任何单位和个人提前获知的前述信息，在依法披露前应当保密。

九是，规范了自愿信息披露行为。《证券法》第八十四条规定，除依法需要披露的信息之外，信息披露义务人可以自愿披露与投资者作出价值判断和投资决策有关的信息，但不得与依法披露的信息相冲突，不得误导投资者。发行人及其控股股东、实际控制人、董事、监事、高级管理人员等作出公开承诺的，应当披露。

十是，调整了信息披露渠道要求。《证券法》第八十六条规定，依法披露的信息，应当在证券交易场所的网站和符合国务院证券监督管理机构规定条件的媒体发布。

此外，《公开募集证券投资基金信息披露管理办法》中，对于信息披露也有着相关规定。《证券法》第二十一条规定，按照国务院的规定，证券交易所等可以审核公开发行证券申请，判断发行人是否符合发行条件、信息披露要求，督促发行人完善信息披露内容。依照规定参与证券发行申请注册的人员，不得与发行申请人有利害关系，不得直接或者间接接受发行申请人的馈赠，不得持有所注册的发行申请的证券，不得私下与发行申请人进行接触。

严重的信息披露情节还有可能触犯刑法的罪名，《刑法》第一百六十一条对违规披露、不披露重要信息罪进行了规定：依法负有信息披露义务的公司、企业向股东和社会公众提供虚假的或者隐瞒重要事实的财务会计报告，或者对依法应当披露的其他重要信息不按照规定披露，严重损害股东或者其他人利益，或者有其他严重情节的，对其直接负责的主管人员和其他直接责任人员，处五年以下有期徒刑或者拘役，并处或者单处罚金；情节特别严重的，处五年以上十年以下有期徒刑，并处罚金。

四 风险提示与实务要点

在公司实务中，公司可以通过诸多方式来规范信息披露行为，规避违法风险。

首先，应当完善公司信息披露内部规章制度。上市公司应积极优化、完善公司的股权结构和治理结构，还应积极完善公司的信息披露规范，明确信息披露主要责任人，建立信息披露违规的内部处罚制度。

其次，要加强公司内部信息披露法律法规培训，增强风险防范意识。信息披露意识的增强需要建立在了解信息披露制度的基础上，上市公司应充分重视对大股东、实际控制人、公司管理层、董事会秘书、财务会计人员和相关业务人员的培训，避免上述人员违反信息披露的相关规定。

此外，由于信息披露的专业性，公司还要聘请领域内专业律师，及时咨询和解决信息披露相关法律问题。公司还可以通过信息披露专业咨询机构，享受信息披露日常咨询服务。

第三节　内幕交易及利用未公开信息交易的行政处罚

一　基本内容

目前，我国在规范、监管资本市场内幕交易、利用未公开信息交易行为领域，形成了以《证券法》《刑法》《关于办理内幕交易、泄露内幕信息刑事案件具体应用法律若干问题的解释》为核心，以及以《中华人民共和国证券投资基金法》《行政处罚法》《中国证券监督管理委员会证券市场内幕交易行为认定指引（试行）》等其他法律法规相关条文及规范性文件为辅的规则体系，为监管机构监督查处内幕交易、利用未公开信息交易违法行为提供了法律支持。

值得说明的是，利用未公开信息交易一直是证券市场较为常见的违法行为，2010~2019年，证监会总计对12件利用未公开信息交易案件作出行政处罚。根据证监会处罚的案件分析，前述案件的违法主体责任人员一般为公募基金的管理人及相关从业人员，处罚的法律依据主要援引《中华人民共和国证券投资基金法》的相关规定。2019年修订的《证券法》新增了关于利用未公开信息交易的规定，并将该类违法行为的主体范围扩大至"证券交易场所、证券公司、证券登记结算机构、证券服务机构和其他金融机构的从业人员、有关监管部门或者行业协会的工作人员"。此外，《证券法》修订了对内幕交易行政处罚的规定，并明确利用未公开信息交易责同内幕交易。

《证券法》第五十三条对内幕交易的三种具体行为类型进行了规定，"证券交易内幕信息的知情人和非法获取内幕信息的人，在内幕信息公开前，不得买卖该公司的证券，或者泄露该信息，或者建议他人买卖该证券"。

《证券法》第五十四条对利用未公开信息交易的主体进行了规定，"禁止证券交易场所、证券公司、证券登记结算机构、证券服务机构和其他金融机构的从业人员、有关监管部门或者行业协会的工作人员，利用因职务便利获取的内幕信息以外的其他未公开的信息，违反规定，从事与该信息相关的证券交易活动，或者明示、暗示他人从事相关交易活动"。

《证券法》第一百九十一条对内幕交易和利用未公开信息交易进行了行政处罚规定："证券交易内幕信息的知情人或者非法获取内幕信息的人违反本法第五十三条的规定从事内幕交易的，责令依法处理非法持有的证券，没收违法所得，并处以违法所得一倍以上十倍以下的罚款；没有违法所得或者违法所得不足五十万元的，处以五十万元以上五百万元以下的罚款。单位从事内幕交易的，还应当对直接负责的主管人员和其他直接责任人员给予警告，并处以二十万元以上二百万元以下的罚款。国务院证券监督管理机构工作人员从事内幕交易的，从重处罚。违反本法第五十四条的规定，利用未公开信息进行交易的，依照前款的规定处罚。"

二 典型案例

方伟内幕交易安徽梦舟实业股份有限公司（以下简称"梦舟股份"）股票行政处罚案件［《中国证监会行政处罚决定书（方伟）》（〔2020〕82 号）］。

1. 内幕信息的形成与公开过程

2017 年 4 月至 5 月，云南辉固工程建设有限责任公司（以下简称"云南辉固"）董事长李某丁与时任上海中毅达股份有限公司总经理任某虎在上海会面，任某虎向李某丁推荐包括梦舟股份等上市公司在内的几家财务投资人。经任某虎介绍，李某丁认为，梦舟股份可以与云南辉固进行 PPP 项目合作，并能保障资金充足，李某丁初步确认合作方为梦舟股份，并和任某虎多次讨论双方业务合作和并购事宜。

北京市新宇合创信息技术有限公司（以下简称"新宇合创"）董事长唐某军受梦舟股份实际控制人冯某青委托长期帮忙打理梦舟股份的资本运作、对外投资等工作。2017 年 10 月 15 日，在任某虎的陪同下，李某丁、云南辉固总经理郁某和第一次与唐某军会面，主要商谈 PPP 项目的业务合作，并谈到梦舟股份收购云南辉固事宜，双方就业务合作和收购事宜达成一致意向并表态进一步推动相关工作。

见面后，唐某军将云南辉固介绍给时任梦舟股份董事长兼董事会秘书王某杨，由其跟踪云南辉固的 PPP 合作项目。王某杨与云南辉固财务总监李某春等人对接 PPP 项目相关工作。

为推进并购事项，2017 年 11 月，任某虎的部下汪某红安排相关中介机构进场对云南辉固尽职调查。11 月 20 日，会计师进场；12 月 5 日会计师再次去云南辉固尽职调查。12 月 1 日，评估师进场。12 月 17 日，律师进场。尽职调查结束后，各中介机构将尽职调查情况反馈给汪某红。

2018 年 1 月，唐某军通知王某杨将推动梦舟股份收购云南辉固有关事项。2 月 3 日，梦舟股份发布重大事项停牌公告，公司股票自 2 月 5 日起停牌。2 月 10 日，梦舟股份发布重大资产重组停牌公告，披露拟收购标的初步确定为云南辉固股权。"梦舟股份"于 6 月 5 日复牌并公告终止收购事项。

梦舟股份收购云南辉固股权事项属于 2005 年《证券法》第六十七条第二款第（二）项规定的"公司的重大投资行为和重大的购置财产的决定"，根据 2005 年《证券法》第七十五条第二款第（一）项的规定，在公开披露前属于内幕信息。该内幕信息不晚于 2017 年 10 月 15 日形成，公开于 2018 年 2 月 10 日。

唐某军受梦舟股份实际控制人冯某青委托参与涉案事项的筹划、谈判、运作等工作，依据 2005 年《证券法》第七十四条第七项及《上市公司重大资产重组管理办法》（证监会令第 127 号）第七条的规定，唐某军为内幕信息知情人，不晚于 2017 年 10 月 15 日知悉本案内幕信息。

2. 方伟在内幕信息敏感期内与内幕信息知情人频繁联络接触

方伟系金联安保险经纪有限公司（以下简称"金联安"）董事长，与唐某军存在商业谈判及合作关系，2017 年 8 月至 11 月，方伟与唐某军一直就金联安的股权收购价格等具体事项进行谈判；2017 年 11 月至 2018 年 5 月、6 月，金联安和新宇合创一直在合作开发保险经纪业务平台软件。双方基于上述业务合作在内幕信息敏感期内存在大量联络接触。同时，在内幕信息敏感期内，2017 年 10 月 27 日，唐某军通过其控制企业的银行账户转给方伟 1000 万元，之后方伟于 2017 年 12 月 21 日向该银行账户归还 1000 万元，该大额资金往来，进一步说明双方存在大量联系。

内幕信息敏感期内，方伟与唐某军频繁联络接触，仅通过微信联络、通话就至少达二十余次。

3. 方伟利用"方伟"证券账户在内幕信息敏感期内交易"梦舟股份"

涉案"方伟"证券账户，包括"方伟"普通证券账户和"方伟"信用证券账户，均由方伟控制使用，交易资金为方伟自有资金。内幕信息敏感期内，"方伟"普通证券账户转入资金 1692.5 万元。其中，先后于 2017 年 10 月 17 日、10 月 27 日、11 月 7 日、11 月 9 日、11 月 14 日、11 月 17 日、11 月 23 日分别转入资金 2.5 万元、200 万元、200 万元、100 万元、50 万元、130 万元、10 万元，2018 年 1 月 26 日转入资金 1000 万元。

"方伟"普通证券账户 2017 年 10 月 17 日买入 600 股，成交金额 3216 元；10 月 27 日买入 246800 股，成交金额 1215256 元；11 月 17 日买入 337900 股，成交金额 1297816 元；11 月 23 日买入 10000 股，成交金额 38700 元；11 月 29 日买入 1100 股，成交金额 4290 元；12 月 7 日卖出 1000 股，成交金额 3600 元；2018 年 1 月 29 日买入 2558509 股，成交金额 9490734.31 元。"方伟"信用证券账户 2017 年 11 月 9 日买入 500 股，成交金额 2065 元；11 月 22 日自其普通证券账户转入 588500 股；12 月 28 日卖出 400000 股，成交金额 1412000 元；12 月 29 日卖出 100000 股，成交金额 382000 元；2018 年 1 月 10 日买入 5000 股，成交金额 18600 元。综上，"方伟"证券账户在内幕信息敏感期内累计买入"梦舟股份"3160409 股，成交金额 12070677.31 元；累计卖出"梦舟股份"501000 股，成交金额 1797600 元。内幕信息公开后开始大量卖出，截至 2018 年 11 月 20 日已全部卖出，实际亏损 2782986.98 元。

从主体上看，唐某军受冯某青委托长期代理梦舟股份资本运作等事宜，作为中间介绍人参与涉案重大事项，是内幕信息知情人。从上述相关资金转入、交易及相关时点情况看，"方伟"证券账户资金转入及交易"梦舟股份"时点与内幕信息形成、变化时间高度吻合，且交易数量和交易金额明显放大。在前述大额资金转入日至"梦舟股份"停牌前的期间内，"方伟"证券账户共买入"梦舟股份"2563509 股，成交金额 9509334.31 元，远高于同期买入的"华夏幸福"（买入数量为 28100 股，成交金额为 1116199 元）和"科大讯飞"（买入数量为 8400 股，成交金额为 505460 元）。此外，在前述期间内，"方伟"普通账户在方伟与唐某军联络之后、梦舟股份发布停牌公告前夕，于 2018 年 1 月 29 日以 15 笔，连续、集中买入合计 2558509 股"梦舟股份"，成交金额为 9490734.31 元，而除"梦舟股份"外，当日该账户仅买入 8000 股"科大讯飞"，成交金额为 481200 元。方伟在交易"梦舟股份"的时点上具有异常性，同时期相较于其他股票存在交易量放大的异常性。因此，方伟构成《证券法》第一百九十一条规定的证券交易内幕信息的知情人或者非法获取内幕信息的人违反第五十三条的规定从事内幕交易的行为。

三　相关法条

《证券法》第五十条规定，禁止证券交易内幕信息的知情人和非法获取内幕信息的人利用内幕信息从事证券交易活动。

《证券法》第五十一条明确了证券交易内幕信息的知情人包括以下 9 种。

①发行人及其董事、监事、高级管理人员。

②持有公司百分之五以上股份的股东及其董事、监事、高级管理

人员，公司的实际控制人及其董事、监事、高级管理人员。

③发行人控股或者实际控制的公司及其董事、监事、高级管理人员。

④由于所任公司职务或者因与公司业务往来可以获取公司有关内幕信息的人员。

⑤上市公司收购人或者重大资产交易方及其控股股东、实际控制人、董事、监事和高级管理人员。

⑥因职务、工作可以获取内幕信息的证券交易场所、证券公司、证券登记结算机构、证券服务机构的有关人员。

⑦因职责、工作可以获取内幕信息的证券监督管理机构工作人员。

⑧因法定职责对证券的发行、交易或者对上市公司及其收购、重大资产交易进行管理可以获取内幕信息的有关主管部门、监管机构的工作人员。

⑨国务院证券监督管理机构规定的可以获取内幕信息的其他人员。

《证券法》第五十二条将内幕信息定义为：证券交易活动中，涉及发行人的经营、财务或者对该发行人证券的市场价格有重大影响的尚未公开的信息。《证券法》第八十条第二款、第八十一条第二款所列重大事件也属于内幕信息。

《刑法》第一百八十条规定了内幕交易、泄露内幕信息罪：证券交易内幕信息的知情人员或者非法获取证券交易内幕信息的人员，在涉及证券的发行，证券、期货交易或者其他对证券、期货交易价格有重大影响的信息尚未公开前，买入或者卖出该证券，或者从事与该内幕信息有关的期货交易，或者泄露该信息，或者明示、暗示他人从事上述交易活动，情节严重的，处五年以下有期徒刑或者拘役，并处或者单处违法所得一倍以上五倍以下罚金；情节特别严重的，处五年以上十年以下有期徒刑，并处违法所得一倍以上五倍以下罚金。单位犯前款罪的，对单位判处罚金，并对其直接负责的主管人员和其他直接责任人员，处五年以下有期徒刑或者拘役。也就是说，内幕交易行为不仅会受到行政监管，情节严重的内幕交易行为，将会受到刑法的规制。

四　风险提示与实务要点

内幕交易是证券市场多发的违法行为，严重危害证券市场的运行秩序，法律对此规定了严厉的制裁措施。内幕人员获知上市公司的内幕信息后，在该信息未按法律规定披露前自己利用或将其泄露给他人予以利用、买卖相关证券，无论其是否获利，均构成内幕交易。

2014 年《证券法》对内幕信息知情人的界定范围较为限制，主要限定在上市公司及证券监管机构与证券市场中介机构。而新法不仅对旧法规定的知情人范围进行了细化，还扩大了知情人范围，将与公司有业务往来或上市公司收购人、重大资产交易方等交易相对方纳入了监管范畴。新法对知情人范围的扩张，事实上进一步降低了对于知情人的证明难度。

除了扩大内幕信息知情人的范围外，新《证券法》还对内幕信息的内容和界定标准进行了细化：一是对旧法的内容进行了归类和整合，从而使立法规定更加符合市场规律，避免法律适用争议；二是扩大了内幕信息的范围，将公司一年内处置重大资产、关联交易、董事长或者经理无法履行职责、公司的实际控制人及其控制的其他企业从事与公司相同或者相似业务的情况发生较大变化等内容纳入了内幕信息的范围。

除此以外，新《证券法》还新增了可能对上市交易公司债券的交易价格产生较大影响的重大事件，例如公司债券信用评级发生变化，公司重大资产抵押、质押、出售、转让、报废，公司发生未能清偿到期债务的情况，公司新增借款或者对外提供担保超过上年末净资产的百分之二十，公司放弃债权或者财产超过上年末净资产的百分之十，公司发生超过上年末净资产百分之十的重大损失等，这些规定也被纳入了内幕信息的法定范围。可以预见，立法对内幕信息范围的细化，将进一步扩大行政处罚和刑事责任的范围，提升相关法律风险。

新《证券法》的细化规定，对证券市场中的行政相对人提出了更为明确的要求，实际上更有助于防范相关风险。而预防风险不仅仅需要积累证券交易层面的专业知识，还需要掌握法律层面的合规技术，应当对可能触及内幕信息的相关人员进行严格管理和培训，并建立监督机制，预防异常交易的发生。再如，在进行决策时，应当注意保留与决策相关的文件材料，以证明启动交易的合法性，或本次交易符合交易习惯，从而在后续可能面临的执法调查中占据有利地位。

第四节　欺诈发行的行政处罚

一　基本内容

《证券法》第一百八十一条规定，发行人在其公告的证券发行文件中隐瞒重要事实或者编造重大虚假内容，尚未发行证券的，处以二百万元以上二千万元以下的罚款；已经发行证券的，处以非法所募资金金额百分之十以上一倍以下的罚款。对直接负责的主管人员和其他直接责任人员，处以一百万元以上一千万元以下的罚款。

发行人的控股股东、实际控制人组织、指使从事前款违法行为的，没收违法所得，并处以违法所得百分之十以上一倍以下的罚款；没有违法所得或者违法所得不足二千万元的，处以二百万元以上二千万元以下的罚款。对直接负责的主管人员和其他直接责任人员，处以一百万元以上一千万元以下的罚款。

二 典型案例

五洋建设集团股份有限公司、陈志樟、王永敏等 21 名责任人员欺诈发行行政处罚案件［《中国证监会行政处罚决定书（五洋建设集团股份有限公司、陈志樟、王永敏等 21 名责任人员）》（〔2018〕54 号）〕。

五洋建设集团股份有限公司（以下简称"五洋建设"）以虚假申报文件骗取公开发行公司债券核准。五洋建设在编制用于公开发行公司债券的 2012 年至 2014 年年度财务报表时，违反会计准则，通过将所承建工程项目应收账款和应付款项"对抵"的方式，同时虚减企业应收账款和应付账款，导致上述年度少计提坏账准备、多计利润。通过以上方式，五洋建设 2012 年至 2014 年年度虚增净利润分别不少于 3052.27 万元、6492.71 万元和 15505.47 万元。2015 年 7 月，五洋建设在自身最近三年平均可分配利润不多于 9359.68 万元，不足以支付公司债券一年的利息（10352 万元），不具备公司债券公开发行条件的情况下，以通过上述财务处理方式编制的 2012 年至 2014 年年度虚假财务报表申请公开发行公司债券，于 2015 年 7 月骗取中国证监会的公司债券公开发行审核许可，并最终于 2015 年 8 月和 2015 年 9 月分两期向合格投资者公开发行公司债券 8 亿元和 5.6 亿元，合计 13.6 亿元。

五洋建设在不具备公司债券发行条件的情况下，将包含虚假财务数据的公开发行公司债券申请文件报送中国证监会并获得发行核准的行为，违反了《证券法》第十五条第一款第（二）项关于公开发行债券应当符合的条件中"最近三年平均可分配利润足以支付公司债券一年的利息"和第十九条第一款"发行人报送的证券发行申请文件，应当充分披露投资者作出价值判断和投资决策所必需的信息，内容应当真实、准确、完整"的规定，构成《证券法》第一百八十一条所述"发行人在其公告的证券发行文件中隐瞒重要事实或者编造重大虚假内容，已经发行证券的"行为。对五洋建设该项违法行为直接负责的主管人员为公司董事长陈志樟，其他直接责任人员为在相关债券发行文件上签字的人员。

三　相关法条

《证券法》第二十四条规定，国务院证券监督管理机构或者国务院授权的部门对已作出的证券发行注册的决定，发现不符合法定条件或者法定程序，尚未发行证券的，应当予以撤销，停止发行。已经发行尚未上市的，撤销发行注册决定，发行人应当按照发行价并加算银行同期存款利息返还证券持有人；发行人的控股股东、实际控制人以及保荐人，应当与发行人承担连带责任，但是能够证明自己没有过错的除外。

股票的发行人在招股说明书等证券发行文件中隐瞒重要事实或者编造重大虚假内容，已经发行并上市的，国务院证券监督管理机构可以责令发行人回购证券，或者责令负有责任的控股股东、实际控制人买回证券。

《证券法》第八十二条第二款中规定，发行人的监事会应当对董事会编制的证券发行文件和定期报告进行审核并提出书面审核意见。监事应当签署书面确认意见。

《证券法》第九十三条还规定，发行人因欺诈发行、虚假陈述或者其他重大违法行为给投资者造成损失的，发行人的控股股东、实际控制人、相关的证券公司可以委托投资者保护机构，就赔偿事宜与受到损失的投资者达成协议，予以先行赔付。先行赔付后，可以依法向发行人以及其他连带责任人追偿。除了行政处罚之外，欺诈发行的发行人还要面临民事赔偿。

此外，2020 年 12 月 26 日发布的《中华人民共和国刑法修正案（十一）》对《刑法》第一百六十条进行了修正，在招股说明书、认股书、公司、企业债券募集办法等发行文件中隐瞒重要事实或者编造重大虚假内容，发行股票或者公司、企业债券，存托凭证或者国务院依法认定的其他证券，数额巨大、后果严重或者有其他严重情节的，处五年以下有期徒刑或者拘役，并处或者单处罚金。数额特别巨大、后果特别严重或者有其他特别严重情节的，处五年以上有期徒刑，并处罚金。

控股股东、实际控制人组织、指使实施前款行为的，处五年以下有期徒刑或者拘役，并处或者单处非法募集资金金额百分之二十以上一倍以下罚金；数额特别巨大、后果特别严重或者有其他特别严重情节的，处五年以上有期徒刑，并处非法募集资金金额百分之二十以上一倍以下罚金。

四　风险提示与实务要点

《证券法》将以往规定中的"发行人不符合发行条件，以欺骗手段骗取发行核准"的表述更改为"发行人在其公告的证券发行文件中隐瞒重要事实或者编造重大虚假内容"，实质上扩大了欺诈发行的认定范围，一旦在其公告的证券发行文件中隐瞒重要事实或者编造重大虚假内容，即使符合发行条件，也依然会受到证监会的行政处罚。

此外，证监会起草了《欺诈发行上市股票责令回购实施办法（试行）（征求意见稿）》，意图进一步明确回购价格、回购对象、回购程序等内容，对《证券法》第二十四条第二款的规定进一步进行落实。根据《证券法》第二十四条的规定，即便是发行人已经成功发行股票，一旦查实上市公司存在隐瞒重要事实或重大虚假内容上市的情况，中国证监会可以要求发行人或控股股东、实际控制人回购股票。

因此，发行人在发行证券时，需要更加严格发行文件的审核。加强发行负责人员的专业和相关法律知识培训，避免出现隐瞒重要事实或者编造重大虚假内容的情况。应当严格比照发行条件，即使是符合发行条件的内容，也要进行充分审核。

第五节　操纵证券、期货市场的行政处罚

一　基本内容

《证券法》第五十五条规定："禁止任何人以下列手段操纵证券市场，影响或者意图影响证券交易价格或者证券交易量：

（一）单独或者通过合谋，集中资金优势、持股优势或者利用信息优势联合或者连续买卖；

（二）与他人串通，以事先约定的时间、价格和方式相互进行证券交易；

（三）在自己实际控制的账户之间进行证券交易；

（四）不以成交为目的，频繁或者大量申报并撤销申报；

（五）利用虚假或者不确定的重大信息，诱导投资者进行证券交易；

（六）对证券、发行人公开作出评价、预测或者投资建议，并进行反向证券交易；

（七）利用在其他相关市场的活动操纵证券市场；

（八）操纵证券市场的其他手段。

操纵证券市场行为给投资者造成损失的，应当依法承担赔偿责任。"

《证券法》第一百九十二条明确：违反《证券法》第五十五条的规定，操纵证券市场的，责令依法处理其非法持有的证券，

没收违法所得，并处以违法所得一倍以上十倍以下的罚款；没有违法所得或者违法所得不足一百万元的，处以一百万元以上一千万元以下的罚款。单位操纵证券市场的，还应当对直接负责的主管人员和其他直接责任人员给予警告，并处以五十万元以上五百万元以下的罚款。

二　典型案例

汪公元操纵"粤泰股份"行政处罚案件〔《中国证监会行政处罚决定书（汪公元）》（〔2020〕25 号）〕。

2016 年 2 月 18 日，黄某林在华鑫证券开立证券资金账户，下挂上海股东账户和深圳股东账户。2016 年 6 月 29 日，王某在华泰证券开立证券资金账户，下挂上海股东账户和深圳股东账户。

"黄某林"证券账户的交易资金来源于达孜县恒隆股权投资合伙企业、杜某蓉、黄某妹等 14 个银行账户，"王某"证券账户的交易资金来源于刘某、杜某骏、欧某某琳等 9 个银行账户。"黄某林""王某"账户互为证券资金的对手方，并且两账户均有资金来自象山协力投资咨询有限公司、刘某、朱某等人。汪公元自认"黄某林""王某"账户的交易资金归其所有。

汪公元向杜某蓉借用证券账户，杜某蓉将其母亲黄某林证券账户及三方银行卡借给汪公元，杜某蓉还将杨某明、黄某妹的银行卡借给汪公元使用。王某是汪公元的朋友，王某将本人证券账户及银行卡借给汪公元使用。汪公元存在控制使用"黄某林""王某"账户的情况。

证券资金的关联方沈某蓉是汪公元亲戚，证券资金关联方上海善待物业管理有限公司（以下简称"善待物业"）是汪公元上述亲戚的公司。证券资金关联方毛某谊、张某、朱某、刘某、朱某平、杨某、蒯某、汤某青、黄某、申某辰、龚某娟、杜某林、李某梅、杜某生、杨某1、匡某娣、姜某、唐某华、杜某骏、欧某某琳、何某鑫、李某、王某1、罗某炜均是汪公元的朋友。

汪公元自认控制使用"黄某林""王某"证券账户交易"粤泰股份"。上述证券账户共同使用多个相同 IP 地址交易"粤泰股份"。

2016 年底，汪公元的朋友向其推荐"粤泰股份"。汪公元使用"黄某林"账户于 2016 年 12 月 5 日通过大宗交易买入"粤泰股份"513.60 万股，此后汪公元使用"黄某林""王某"账户继续买卖"粤泰股份"。截至 2017 年 1 月 13 日前，"黄某林""王某"账户持有"粤泰股份"220.98 万股，占粤泰股份已发行股份的 0.17%。2017 年 1 月 13 日 10：43：10，"黄某林"账户以 15.49 元价格买入 2 万股"粤泰股份"。

2017 年 1 月 13 日 14：25：43 至 14：52：10，汪公元使用"黄某林""王某"账户连续买入 193.67 万股"粤泰股份"，买入金额 29196203.24 元。买入量占时段市场成交量的 71.08%，占全天市场成交量的 27.03%。90% 买入的申报价格高于前一刻市场成交价，全部买入的申报价格不低于前一刻市场成交价。在连续买入"粤泰股份"过程中，70.53 万股系汪公元在其实际控制的"黄某林""王某"账户间交易，对倒金额 10766320.26 元，对倒量占时段内市场成交量的 25.89%，占全天市场成交量的 9.84%。在汪公元操纵期间内，"粤泰股份"价格从 14.80 元上涨至 15.34 元，上涨 0.54 元，涨幅 3.65%。

2017 年 1 月 13 日 14：53：29 至 14：59：45，汪公元分 4 笔以均价 14.98 元卖出 31 万股，金额 464.57 万元。1 月 16 日（1 月 13 日后一交易日）14：53：28 至 14：58：48 卖出 26 万股，金额 391.3 万元。"黄某林""王某"账户操纵获利 24.25 万元。

综上，2017 年 1 月 13 日至 16 日，汪公元控制"黄某林""王某"证券账户通过连续交易、在其实际控制的证券账户之间交易的方式操纵"粤泰股份"价格或交易量，符合《证券法》所规定的操纵证券市场的行为。

三　相关法条

经过《中华人民共和国刑法修正案（十一）》修正的《刑法》第一百八十二条规定的操纵证券、期货市场罪，"有下列情形之一，操纵证券、期货市场，影响证券、期货交易价格或者证券、期货交易量，情节严重的，处五年以下有期徒刑或者拘役，并处或者单处罚金；情节特别严重的，处五年以上十年以下有期徒刑，并处罚金：

（一）单独或者合谋，集中资金优势、持股或者持仓优势或者利用信息优势联合或者连续买卖的；

（二）与他人串通，以事先约定的时间、价格和方式相互进行证券、期货交易的；

（三）在自己实际控制的账户之间进行证券交易，或者以自己为交易对象，自买自卖期货合约的；

（四）不以成交为目的，频繁或者大量申报买入、卖出证券、期货合约并撤销申报的；

（五）利用虚假或者不确定的重大信息，诱导投资者进行证券、期货交易的；

（六）对证券、证券发行人、期货交易标的公开作出评价、预测或者投资建议，同时进行反向证券交易或者相关期货交易的；

（七）以其他方法操纵证券、期货市场的。

单位犯前款罪的，对单位判处罚金，并对其直接负责的主管人员和其他直接责任人员，依照前款的规定处罚"。

四 风险提示与实务要点

操纵证券、期货市场的行为对证券市场产生的影响较为恶劣，因此，账户可能被证券交易所限制交易，期限通过不超过 3 个月。而在行政调查阶段，证监会也可以限制被调查人的证券买卖，最长不超过 30 个交易日。因此，对于账户所有者和使用者都将造成巨大不利影响。对于操纵证券市场行为的有关责任人员，证监会还可以视情节轻重，采取 3~5 年、5~10 年或者终身的证券市场禁入措施。

操纵证券、期货市场没有特定的行为主体，因此，各个证券市场参与者都应当充分审慎，避免做出操纵证券市场、影响或者意图影响证券交易价格或者证券交易量的行为。

第六节 违法增减持行为的行政处罚

一 基本内容

《证券法》第三十六条规定，依法发行的证券，《中华人民共和国公司法》和其他法律对其转让期限有限制性规定的，在限定的期限内不得转让。

上市公司持有百分之五以上股份的股东、实际控制人、董事、监事、高级管理人员，以及其他持有发行人首次公开发行前发行的股份或者上市公司向特定对象发行的股份的股东，转让其持有的本公司股份的，不得违反法律、行政法规和国务院证券监督管理机构关于持有期限、卖出时间、卖出数量、卖出方式、信息披露等规定，并应当遵守证券交易所的业务规则。

《证券法》第一百八十六条规定，违反《证券法》第三十六条的规定，在限制转让期内转让证券，或者转让股票不符合法律、行政法

规和国务院证券监督管理机构规定的，责令改正，给予警告，没收违
法所得，并处以买卖证券等值以下的罚款。

二 典型案例

周万沅超比例持股未披露及限制期交易凯瑞德控股股份有限公司
（以下简称"凯瑞德"）股票行政处罚案件〔《中国证监会行政处罚
决定书（周万沅）》（〔2020〕53号）〕。

    周万沅控制使用"何某珍"等三个账户的情况：周万沅控
制使用"何某珍"、"陶某青"和"长安基金—光大银行—长安
群英9号分级资产管理计划"（以下简称"长安群英9号"）等
三个账户。"何某珍""陶某青"账户资金主要来源和去向为周
万沅，"长安群英9号"产品初始规模4.5亿元，其中优先级投
资人出资2.25亿元、进取级A类投资人出资0.75亿元，进取级
B类投资人出资1.5亿元。"长安群英9号"进取级B类的名义
投资人为顾某，但顾某的出资实际来源于周万沅，资金去向亦为
周万沅。周万沅控股的上海沅晟投资管理有限公司（以下简称
"上海沅晟"）为"长安群英9号"的投资顾问，顾某为上海沅
晟的执行董事、法定代表人。"何某珍"、"陶某青"和"长安群
英9号"账户的交易决策由周万沅作出。周万沅在询问笔录中
承认控制上述三个账户，何某珍、陶某青、顾某三人在接受证监
会调查时出具的书面说明印证了周万沅的说法。

    周万沅超比例持股未履行信息披露义务的情况：2014年9
月25日，"长安群英9号"账户大宗交易买入"凯瑞德"800万
股，占上市公司总股本的4.55%。2014年9月30日，"何某珍"
账户大宗交易买入"凯瑞德"700万股，占上市公司总股本的
3.98%。至此，"长安群英9号"和"何某珍"账户合计持有

"凯瑞德" 1500 万股，占上市公司总股本的 8.52% 。周万沅在所控制账户合计持有"凯瑞德"比例超过 5% 时未及时履行信息披露义务。

2014 年 10 月 10 日，周万沅将"长安群英 9 号"账户中 799.99 万股"凯瑞德"通过大宗交易转移到"陶某青"账户，后"长安群英 9 号"于 10 月 27 日卖出 100 股，"何某珍"账户于 12 月 5 日卖出 6999900 股，"陶某青"账户于 12 月 25 日卖出 2670063 股。2014 年 10 月 27 日至 12 月 25 日，三个账户累计减持 9670063 股，减持数量占上市公司总股本的 5.49% 。周万沅在所控制账户减持数量达到上市公司总股本 5% 时，亦未履行信息披露义务。

周万沅在限制转让期限内买卖证券的情况：周万沅在持有"凯瑞德"数量达到上市公司总股本 5% 后，继续交易"凯瑞德"。扣除相互之间的交易后，三个账户在限制转让期限内，即 2014 年 9 月 30 日（不包括当日增持到上市公司总股本 5% 之前交易）至 2016 年 11 月 30 日期间，累计买入"凯瑞德"623 万股，买入金额 6744.90 万元，累计卖出"凯瑞德"1503 万股，卖出金额 23203.48 万元。

周万沅控制使用他人的账户，超比例持股未履行信息披露义务，在持有"凯瑞德"数量达到上市公司总股本 5% 后，继续交易"凯瑞德"的行为，违反了《证券法》关于信息披露的规定，以及违反了第三十六条的规定，构成在限制转让期内转让证券的行为，属于违规增持行为。

三　相关法条

《证券法》第六十三条第一款规定，通过证券交易所的证券交易，投资者持有或者通过协议、其他安排与他人共同持有一个上市公司已发行的有表决权股份达到百分之五时，应当在该事实发生之日起三日内，向国务院证券监督管理机构、证券交易所作出书面报告，通知该上市公司，并予公告，在上述期限内不得再行买卖该上市公司的股票，但国务院证券监督管理机构规定的情形除外。

第二款规定，投资者持有或者通过协议、其他安排与他人共同持有一个上市公司已发行的有表决权股份达到百分之五后，其所持该上市公司已发行的有表决权股份比例每增加或者减少百分之五，应当依照前款规定进行报告和公告，在该事实发生之日起至公告后三日内，不得再行买卖该上市公司的股票，但国务院证券监督管理机构规定的情形除外。

第三款规定，投资者持有或者通过协议、其他安排与他人共同持有一个上市公司已发行的有表决权股份达到百分之五后，其所持该上市公司已发行的有表决权股份比例每增加或者减少百分之一，应当在该事实发生的次日通知该上市公司，并予公告。

违反第一款、第二款规定买入上市公司有表决权的股份的，在买入后的三十六个月内，对该超过规定比例部分的股份不得行使表决权。

《中华人民共和国公司法》第一百四十一条，对于发起人和董事、监事、高级管理人员的转让进行了限制：发起人持有的本公司股份，自公司成立之日起一年内不得转让。公司公开发行股份前已发行的股份，自公司股票在证券交易所上市交易之日起一年内不得转让。公司董事、监事、高级管理人员应当向公司申报所持有的本公司的股份及其变动情况，在任职期间每年转让的股份不得超过其所持有本公司股份总数的百分之二十五；所持本公司股份自公司股票上市交易之日起一年内不得转让。上述人员离职后半年内，不得转让其所持有的本公司股份。公司章程可以对公司董事、监事、高级管理人员转让其所持有的本公司股份作出其他限制性规定。

2017 年证监会公布的《上市公司股东、董监高减持股份的若干规定》中，较为细致地规定了减持人员范围、比例、时间、信息披露原则及相关的处罚方式等。具体而言：①扩大减持监管对象，将大股东外的首发前股东、定增股东、大宗减持或协议转让的受让方等股东纳入监管范围；②减持方式由原来的集合竞价、协议转让扩展到大宗交易、类协议转让；③新增减持要求、减持比例和数量的细致规定，新增大股东和特定股东 3 个月内集中竞价减持不得超过总股本的 1％，大宗交易减持不得超过总股本的 2％，定增股东解禁后首年集中竞价减持不得超过定增股份的 50％；④完善减持信息披露制度。

四　风险提示与实务要点

违规增持、减持的行为损害证券投资者的利益，因此在信息披露义务方面进行了严格规定，此外，还要注意持有期限、卖出时间、卖出数量、卖出方式的相关规定，防范相关违法风险。

违反报告和公告等义务、买入上市公司有表决权的股份的，除了受到证监会的行政处罚外，在买入后的三十六个月内，对该超过规定比例部分的股份不得行使表决权，这将严重影响购买该股权所要获得的利益。

第七节　编造传播证券期货虚假信息的行政处罚

一　基本内容

《证券法》第五十六条规定，禁止任何单位和个人编造、传播虚假信息或者误导性信息，扰乱证券市场。

禁止证券交易场所、证券公司、证券登记结算机构、证券服务机构及其从业人员，证券业协会、证券监督管理机构及其工作人员，在证券交易活动中作出虚假陈述或者信息误导。

各种传播媒介传播证券市场信息必须真实、客观，禁止误导。传播媒介及其从事证券市场信息报道的工作人员不得从事与其工作职责发生利益冲突的证券买卖。

编造、传播虚假信息或者误导性信息，扰乱证券市场，给投资者造成损失的，应当依法承担赔偿责任。

《证券法》第一百九十三条规定，违反《证券法》第五十六条第一款、第三款的规定，编造、传播虚假信息或者误导性信息，扰乱证券市场的，没收违法所得，并处以违法所得一倍以上十倍以下的罚款；没有违法所得或者违法所得不足二十万元的，处以二十万元以上二百万元以下的罚款。

违反《证券法》第五十六条第二款的规定，在证券交易活动中作出虚假陈述或者信息误导的，责令改正，处以二十万元以上二百万元以下的罚款；属于国家工作人员的，还应当依法给予处分。

传播媒介及其从事证券市场信息报道的工作人员违反《证券法》第五十六条第三款的规定，从事与其工作职责发生利益冲突的证券买卖的，没收违法所得，并处以买卖证券等值以下的罚款。

二　典型案例

牟致华编造、传播虚假信息行政处罚案件［《中国证监会行政处罚决定书（牟致华）》（〔2020〕5 号）］。

牟致华于北京时间 2019 年 1 月 29 日早 10 时许，在微信群看到"易会满主席记者招待会"相关虚假信息，与群友讨论互动后，仿照该消息编造了内容为"据外媒报道，新任证监会主席紧急上书，建议暂缓科创板实施，首先规范法律法规，严惩造假上市公司，加快不法公司退市速度，引进各路资金增持股票，在此之前，即便领导意愿强烈，科创板也没有率先实施的条件。这是近年来难得的敢说真话的证监会领导，已经引起最高层高度重视，不排除一系列政策近期会发生变化"的信息，通过其本人手机发布在"趋势投资－印钞机－天宫赐福""游戏－扯淡－吹牛＊"两个微信群中，紧接着在"趋势投资－印钞机－天宫赐福"群中表示"大家看是否可以传一下？"以及"反正都一看就是假的，来吧，come on baby!"。当日晚些时候，牟致华知悉有人在"雪球网"转载了上述信息后，仅在前述微信群中作出评论，并未通过公开途径进行辟谣。该信息在多个互联网平台上传播、扩散。

牟致华编造、传播的信息与客观事实不符，证监会易会满主席从未上书建议暂缓科创板实施。

牟致华称其编造、传播涉案虚假信息的动机主要是显示自己"懂得多"，达到哗众取宠、引人注意的目的。

牟致华编造、传播虚假信息，扰乱证券市场的行为违反了《证券法》第五十六条"禁止任何单位和个人编造、传播虚假信息或者误导性信息，扰乱证券市场"的规定，构成了《证券法》第一百九十三条所述编造、传播虚假信息或者误导性信息，扰乱证券市场的情形。

三 相关法条

《中华人民共和国反不正当竞争法》第十一条规定，经营者不得编造、传播虚假信息或者误导性信息，损害竞争对手的商业信誉、商品声誉。因此，当行为主体是经营者，编造、传播虚假信息或者误导性信息针对的是竞争对手时，还可能违反此法规定。

《中华人民共和国网络安全法》第十二条规定，国家保护公民、法人和其他组织依法使用网络的权利，促进网络接入普及，提升网络服务水平，为社会提供安全、便利的网络服务，保障网络信息依法有序自由流动。

任何个人和组织使用网络应当遵守宪法法律，遵守公共秩序，尊重社会公德，不得危害网络安全，不得利用网络从事危害国家安全、荣誉和利益，煽动颠覆国家政权、推翻社会主义制度，煽动分裂国家、破坏国家统一，宣扬恐怖主义、极端主义，宣扬民族仇恨、民族歧视，传播暴力、淫秽色情信息，编造、传播虚假信息扰乱经济秩序和社会秩序，以及侵害他人名誉、隐私、知识产权和其他合法权益等活动。因此，在网络中，编造、传播虚假信息的行为还会违反此条规定。

四　风险提示与实务要点

编造传播虚假信息违法行为的主体修改为一般主体，《证券法》第五十四条取消了原编造传播虚假信息行为的主体限于"国家工作人员、传播媒介从业人员和有关人员"的规定，在《证券法》第五十四条规定下，任何单位或者个人编造、传播虚假信息或者误导性信息，扰乱证券市场的，将面临证监会行政处罚的风险。

提高了编造传播虚假信息行为的罚款倍数，《证券法》第一百九十三条对编造传播虚假信息的行为规定了重罚，将原有处以违法所得1~5倍的罚款提高到了处以违法所得1~10倍的罚款。没有违法所得或者违法所得不足二十万元的，处以二十万元以上二百万元以下的罚款。

编造传播虚假信息违法行为主体的扩张和违法成本的提高，能进一步警醒实务主体提高警惕，进一步提高对该行为的认识，避免实施编造传播虚假信息违法行为。

第五章　证券市场不当行为之救济措施

第一节　证券市场不当行为之救济概述

　　证券监管机构立案调查往往面临案件规模庞大、取证难度大等难题，案件调查时间很长。而时间对于瞬息万变的证券市场来说是最珍贵的，对于行政相对人而言，因遭遇调查失去现有的机会，再次运营可能已失去竞争优势。证券行政执法和解可在一定程度上缩短案件处理时长，为企业未来竞争保存实力。另外，证券监管机构公开处罚结果，会使得行政相对人的形象、信誉大打折扣。运用证券行政和解制度，及时补救其不良行为造成的后果，企业可以有效平复争端，挽回一定的声誉。因此，从节约成本、挽回行政相对人声誉的意义上讲，证券行政执法和解可以作为行政相对人的救济措施之一。

　　证券行政执法和解，是指证券行政执法机构在对行政相对人涉嫌违反证券法律、行政法规和相关监管规定行为进行调查执法过程中，根据行政相对人的申请，与其就改正涉嫌违法、违规行为，消除涉嫌违法、违规行为不良后果，交纳行政和解金补偿投资者损失等进行协商而达成执法和解协议，并据此终止调查执法程序的行为。[①]

　　证券行政执法和解则是证券行政和解的一种。根据和解所处阶

---

　　① 参见《行政和解试点实施办法》第二条。

段，证券行政和解可以分为三种，分别是证券行政执法和解、证券行政复议和解和证券行政诉讼和解。

证券行政复议和解，是指申请人与作出具体行政行为的行政主体达成书面和解协议，并由行政复议机构进行备案，从而终止行政复议案件审理的行为。法律要求该和解协议为双方真实意思的表达，且和解内容不损害社会公共利益和他人合法利益。其法律依据主要为：《中华人民共和国行政复议法》第二十五条、《中华人民共和国行政复议法实施条例》第四十条、《中国证券监督管理委员会行政复议办法》第三十三至三十五条。

证券行政诉讼和解，是指行政相对人在对中国证监会作出的具体行政行为不服而提起行政诉讼后，在法院宣告判决或裁定前双方就诉讼标的达成书面和解协议，并由原告申请撤诉，从而终止行政诉讼案件审理的行为。证券行政诉讼和解在法律上没有直接规定，但它可以从《中华人民共和国行政诉讼法》第五十一条推导得来。行政诉讼和解协议不得损害国家利益、社会公共利益或者他人合法权益，否则法院不得准许原告的撤诉申请。

证券行政执法和解与证券行政复议和解、证券行政诉讼和解在本质上都是行政机关与相对人达成的和解，但它们在适用条件上是有明显差别的。由于证券行政执法过程中达成的和解协议并没有第三方的审查，因此必须对其设置较为严格的适用条件，如违法、违规行为主要涉及实施虚假陈述、内幕交易、操纵市场或欺诈客户等行为的，必须正式立案，且经过必要的调查程序等。而证券行政复议和解及证券行政诉讼和解，因行政机关在行政相对人提起复议申请或者提起诉讼之前已经进行过调查，并且和解协议要受到复议机关或者人民法院的审查确认，因此，可不必再设置更多的限制条件。① 总之，证券行政

---

① 李东方：《论证券行政执法和解制度——兼评中国证监会〈行政和解试点实施办法〉》，《中国政法大学学报》2015年第3期。

执法和解与证券行政复议和解、证券行政诉讼和解共同构成广义上的证券行政和解。鉴于本章主要探讨行政相对人的救济途径，在后文亦主要就证券行政执法和解展开介绍。

证券监管措施是具体行政行为，依据《中华人民共和国行政复议法》《中华人民共和国行政诉讼法》的规定，当事人可以依法申请行政复议，或者依法直接向人民法院提起诉讼。《证券法》第二百二十三条规定："当事人对证券监督管理机构或者国务院授权的部门的处罚决定不服的，可以依法申请行政复议，或者依法直接向人民法院提起诉讼。"在收到证监会行政处罚决定后，行政相对人如果对处罚结果不满，可以通过申请行政复议和行政诉讼进行救济。

第二节　行政和解

一　基本内容

（一）证券行政和解制度

证券行政和解制度是从国外引入的概念和制度。在美国法上，它是 ADR（Alternative Dispute Resolution System，称为替代性争议解决机制）模式的一种，是美国在行政程序法体系中最早采用的一种制度，后来被英美法系的英国和我国的香港地区，以及大陆法系的德国及我国的台湾地区借鉴和采用。这种制度是指在证券执法过程中，证券监督管理机构采用与被监管者协商的形式，在特定的被调查行为方面达成某种程度的和解，然后由被监管者以自愿的作为或者不作为，来替代原有的行政处罚手段。

《行政和解试点实施办法》第二条对行政和解做了定义，即"本办法所称行政和解，是指中国证券监督管理委员会（以下简称中国证监会）在对公民、法人或者其他组织（以下简称行政相对人）涉嫌违反证券期货法律、行政法规和相关监管规定行为进行调查执法过程中，根据行政相对人的申请，与其就改正涉嫌违法行为，消除涉嫌违法行为不良后果，交纳行政和解金补偿投资者损失等进行协商达成行政和解协议，并据此终止调查执法程序的行为"。

2019 年修订的《证券法》在总结证监会行政和解试点经验基础上，对行政和解做了进一步完善。《证券法》第一百七十一条规定，在国务院证券监督管理机构对涉嫌证券违法的单位或者个人进行调查期间，被调查的当事人书面申请，承诺在国务院证券监督管理机构认可的期限内纠正涉嫌违法行为，赔偿有关投资者损失，消除损害或者不良影响的，国务院证券监督管理机构可以决定中止调查。被调查的当事人履行承诺的，国务院证券监督管理机构可以决定终止调查。按照这一规定，和解的适用条件大幅放宽，不再要求和解案件必须"案件事实或者法律关系尚难完全明确"，更加侧重发挥行政和解在节约执法资源、尽快补偿投资者损失等方面的综合性作用。

为此，《证券期货行政和解实施办法（征求意见稿）》第二条规定："本办法所称行政和解，是指中国证券监督管理委员会（以下简称中国证监会）在对公民、法人或者其他组织（以下简称当事人）涉嫌违反证券期货法律、行政法规和相关监管规定行为进行调查期间，根据当事人的书面申请和承诺，与其就纠正涉嫌违法行为，交纳行政和解金，赔偿有关投资者损失，消除损害或者不良影响等进行协商，履行行政和解协议，并据此终止调查的行为。"

行政和解作为一种新型综合性执法方式，在化解行政资源与行政效率的矛盾、及时补偿投资者损失、尽快恢复市场秩序等方面具有重要的制度价值。从上述法律法规对"行政和解"的定义可以看出，证券行政和解制度是终结案件的另一种执法机制，其理论来源是司法上的和解契约理论。在证券执法中引入和解制度，其正当性就是由这种理论从契约的角度予以阐释和支持的，所以和解契约理论就是这种制度的理论根基。

依据这种理论和制度，证券监管机构和被监管者通过平等协商，最终达成和解，并使相关当事人的参与度、遵循度提高，同时也可以节约或者更有效地配置证券执法领域的资源，提高证券执法效率，更有效地保护中小投资者的合法权益，促进市场的健康发展。

（二）我国目前证券行政执法和解制度及规定

1. 申请人

行政相对人，即涉嫌违反证券期货法律、行政法规和相关监管规定的公民、法人或者其他组织。

2. 提出申请的时间

《行政和解试点实施办法》规定，行政相对人自收到中国证监会送达的案件调查通知书之日起至中国证监会作出行政处罚决定前，可以向中国证监会提出行政和解申请。[①]

立案调查不满 3 个月的案件，行政相对人提出行政和解申请的，不予受理，但有特殊情况经中国证监会主要负责人批准的除外。[②]

为进一步促进和解程序的运用，充分发挥其制度价值，《证券期货行政和解实施办法（征求意见稿）》将和解申请的期间调整为自收到证监会调查的法律文书之日起，至证监会作出行政处罚决定前。

3. 适用范围与条件

《行政和解试点实施办法》规定，行政相对人涉嫌实施虚假陈述、内幕交易、操纵市场或欺诈客户等违反证券期货相关法律、行政法规和相关监管规定的行为，并同时符合以下全部条件的，可以适用行政和解程序：第一，中国证监会已经正式立案，且经过了必要调查程序，但案件事实或法律关系尚难完全明确；第二，采取行政和解方式执法有利于实

---

① 参见《行政和解试点实施办法》第九条。
② 参见《行政和解试点实施办法》第十八条。

现监管目的，减少争议，稳定和明确市场预期，恢复市场秩序，保护投资者合法权益；第三，行政相对人愿意采取有效措施补偿因其涉嫌违法行为受到损失的投资者；第四，以行政和解方式结案不违反法律、行政法规的禁止性规定，不损害社会公共利益和他人合法权益。①

案件有下列情形之一的，中国证监会不得与行政相对人进行行政和解：第一，行政相对人违法行为的事实清楚，证据充分，法律适用明确，依法应当给予行政处罚的；第二，行政相对人涉嫌犯罪，依法应当移送司法机关处理的；第三，中国证监会基于审慎监管原则认定不适宜行政和解的。②

《证券期货行政和解实施办法（征求意见稿）》在案件类型上，删除原办法限定的"涉嫌实施虚假陈述、内幕交易、操纵市场或者欺诈客户等违反证券期货法律、行政法规和相关监管规定的行为"才可适用和解的要求，以与《证券法》保持一致。在适用条件上，原办法规定了积极条件和消极条件，此次修改将积极条件调整为案件已经过必要的调查程序，并且符合下列条件之一：案件事实难以完全明确；法律适用难以完全明确；当事人已经或者承诺采取有效措施，纠正涉嫌违法行为，赔偿有关投资者损失，消除损害或者不良影响；采取行政和解有利于保护投资者合法权益，提高执法效率，恢复市场秩序的其他情形。消极条件调整为以下几个方面：被调查当事人的行为涉嫌证券期货犯罪，依法应当移送司法机关处理的不得和解；对于惯犯、累犯等不得和解；当事人就同一案件重复申请和解的，不适用和解程序。

4. 实施程序

行政和解程序分为申请和受理、和解协商、行政和解协议的签订与执行以及行政和解程序的终止等环节。中国证监会实施行政和解，

---

① 参见《行政和解试点实施办法》第六条。
② 参见《行政和解试点实施办法》第七条。

由专门的行政和解实施部门负责，与中国证监会的案件调查部门、案件审理部门相互独立。中国证监会实施行政和解，遵循公平、自愿、协商、效能原则。中国证监会不得向行政相对人主动或者变相主动提出行政和解建议，或者强制行政相对人进行行政和解。

第一步，提出申请：被调查的当事人书面申请。

第二步，受理：行政相对人的行政和解申请符合《行政和解试点实施办法》第六条规定条件的，由和解实施部门自向行政相对人出具行政和解申请接收凭证之日起40个工作日内向行政相对人出具受理通知，并抄送案件调查部门、案件审理部门、行政和解金管理机构。不符合《行政和解试点实施办法》第六条规定条件，或者存在该办法第七条规定情形的，由和解实施部门自向行政相对人出具行政和解申请接收凭证之日起40个工作日内向行政相对人出具不予受理通知，并抄送案件调查部门、案件审理部门。

第三步，和解协商：和解实施部门自作出受理行政和解申请决定之日起三个月内，可以与行政相对人就其涉嫌违法行为的情况、可能给社会造成的危害及给投资者造成的损失、愿意承担的行政和解金数额及交纳时限、可以采取的其他纠正涉嫌违法行为以及积极消除减轻危害后果的措施、和解协议的具体内容及执行保障措施和其他事项进行沟通和协商。

第四步，行政和解程序的终止：有下列情形之一的，中国证监会应当终止行政和解程序。

第一，中国证监会在受理行政相对人的行政和解申请后，达成行政和解协议前，经调查发现新的事实、证据，认为案件不再符合行政和解受理条件的。

第二，未能在《行政和解试点实施办法》第二十三条规定的期限内达成行政和解协议的。

第三，行政和解协议达成后，行政相对人不履行行政和解协议的。

第四，中国证监会在受理行政相对人的行政和解申请后，行政和解协议执行完毕前，发现行政相对人存在所提供的行政和解材料有虚假记载或者重大遗漏等情形的。

第五，中国证监会基于审慎监管原则认为有必要终止行政和解程序的。

5. 行政和解金

依据《行政和解金管理暂行办法》第二条规定，行政和解金，是指证监会在监管执法过程中，与涉嫌违法的公民、法人或者其他组织就涉嫌违法行为的处理达成行政和解协议，行政相对人按照行政和解协议约定交纳的资金。

由于和解金数额的确定是和解协商中的关键问题，《证券期货行政和解实施办法（征求意见稿）》中完善了和解金确定因素，新增"当事人涉嫌违法行为如被查实依法可处以的资格处罚措施"作为考虑因素，同时为促进当事人配合调查、尽早达成和解，节省执法资源，新增"当事人在案件调查中的配合情况"以及"达成行政和解时所处的执法阶段"两项内容作为考虑因素。

关于和解金的管理和使用问题，中国证监会与行政相对人达成行政和解协议的，应当书面告知投保基金公司。行政相对人按照行政和解协议约定交纳行政和解金的，应当向投保基金公司为其开立的专门账户支付相应款项。投保基金公司收到行政和解金后，应当尽快制定行政和解金补偿方案，并报中国证监会备案。[①]《证券期货行政和解实施办法（征求意见稿）》进一步完善了和解金的管理和使用，规定行政和解金应当优先用于赔偿投资者损失。对于未造成投资者损失，或者投资者损失难以认定，或者行政和解金在赔偿投资者损失后仍有剩余的，应当上缴国库。

---

① 参见《行政和解金管理暂行办法》第八条、第九条。

二　比较法参照

（一）美国

美国的证券行政和解是伴随美国 ADR 发展起来的。和解制度在证券监管领域的应用取得了非常积极的效果。据统计，美国证券交易委员会（SEC）仅在行政审判程序前双方达成的和解比例在 50% 以上。同时，SEC 调查的所有案件中，没有采用和解而进行行政审判和民事诉讼的案件比例仅为 1/10。美国证券集团诉讼中，80% 以和解收场，10% ~ 20% 被法院驳回，只有 1% ~ 2% 由法院审结。① 和解的有效性直接决定了美国证监会的整体执法效率。美国作为证券和解制度发达的地区之一，它的证券和解制度有几项特色值得我们注意。②

第一，证券行政和解通常伴随辩诉交易进行。美国的证券和解与"辩诉交易"（Plea Bargaining）可以同步进行。在证券行政和解过程中，被告方会与刑事检控部门进行和解谈判，若在谈判中达成和解，被公诉方提交认罪书，检控方向法院提交刑罚建议。法官仍有最终的决定权，决定是否接受被告的认罪以及是否作出与检控方刑罚建议一致的结论。这样做有利于保障案件的彻底解决，提高办案效率，是美国证券监管和解制度的一大特点。

第二，相对人需做出一系列实质意义上的承诺。在批准该和解协议之前，SEC 要求相对人承诺放弃复议或者上诉等实体权利、在调查中提交所有案件的相关文件、不申请补偿和减免税、将罚款存入指定的第三方账户等。这些事项保障了证券和解目的的实现，实现了对相对人的惩罚，也防止案件调查成本的进一步上升。

第三，证券监管和解协议中，相对人既不承认也不否认各项指

---

①　王升义：《刚柔并济，合作共赢，证券行政执法中的和解制度初探》，《商事仲裁》2014 年第 1 期。

②　许可：《证券执法和解制度研究》，硕士学位论文，辽宁大学，2018，第 6 页。

控。在美国正式的证券和解协议之中，都会注明"既不承认也不否认违法行为的指控"（without admitting or denying the allegations of violations）的措辞。"不承认"是为了当和解程序无法顺利进行下去时，该和解协议不会成为相对人承认违法行为的依据，进而加重了相对人的责任。而"不否认"则是 SEC 启动和解程序的前提条件。

第四，和解金的科学使用。在相对人缴纳的和解金中有专门留出一定数额的基金来对投资者进行赔偿，而不是采用上缴国库的方法。受损害的投资者满足一定的条件，就可以从基金中获得补偿。这是对投资者利益的保护措施，使受害者能得到直接快速而有效的补偿。

第五，查审分离。行政相对人向 SEC 的相关部门提出和解建议，该部门将初审的和解建议和意见提交给五人委员会审查决定，这样做实现了调查和决策部门的分离，保障了最终决策的科学性。

（二）英国

英国证券监管和解制度中最具特色的措施是针对调查过程中不同阶段启动的和解设置了不同的罚款折扣率。具体而言，其在不同阶段设置 30%、15%、5% 和 0 四个档次的罚款折扣率[①]，和解程序启动得越早，对应的折扣率越高。时间越往后推移，折扣率就越来越低。不同档次的折扣率最大的好处就是可以让被监管者直观地看到尽早申请和解的好处，有利于促进被监管者尽早申请和解。更深层的原理在于，证券市场的瞬息万变使得它在极短的时间内就可能因动荡而造成无可挽回的巨大损失。这样的折扣设置能让被监管者更有动力去提出

[①] 英国 FSA 执行手册 ENF（译为《英国金融服务业监管局决策手册》）第 13 条规定了 FSA 将记录处罚分成四个阶段。具体来说包括：阶段一，从调查起始直至 FSA 掌握案件的严重性及具体违法细节；阶段二，从上一阶段直至 FSA 书面发出警告通知书所载明的日期；阶段三，阶段二结束直至做出最终的处罚决定通知；阶段四，阶段三结束直至后来的上诉审理程序结束。针对这四个阶段的和解分别设置了不同的罚款折扣率，分别为 30%、15%、5%、0（参见刘延光《证券执法和解制度研究》，硕士学位论文，郑州大学，2015，第 25 页）。

和解，有效地避免证券市场在瞬息万变的时间内因动荡造成巨大损失。但是我们也同样需要看到，一旦设置了折扣之后，这样的和解能否被公众信服，大众可能会认为这是用缴纳罚款来代替行政处罚，对于案件给今后证券行业带来的警示效果也会蒙上阴影。因此，折扣率的设置又需要非常精巧科学的立法来解决。

除上述的罚款折扣率以外，相比于美国，英国的证券和解制度有两大不同。第一是立法的模式不同。英国是授权给金融服务监管局（证券监管机关）来进行证券和解的，由金融服务监管局来规定证券和解的具体内容，而美国则是在证券法和程序法中规定了这一制度。第二对罚款数额的考虑不同。英国考虑的因素主要有被监管者的主体（规模、资金状况等）、主观方面（故意或过失的程度）、违法行为带来的不良后果、因违法行为获利的规模以及事前不良记录、事后行为的评价。而美国除考虑这些因素外，还会着重考量公司是否存在因违法行为实际获利的情况，以及公司是否进行了罚款补偿或存在进一步增加投资者受损害的利益。

（三）德国

德国法律属于严格形式的法治理论体系，证券执法归属于行政监管机关在监管过程中实施行政权力的行政行为，属于法定的权力，不能按照行政机关的意思而改变，具有不可自由随意处分的属性。证券执法机关在实施行政监管过程中，依照法律规定实施其监管的权力，在享有自由裁量权的基础上，不能随意地转让或者放弃权力。因此，在德国行政执法的过程中，是禁止使用"议价"的行政来替代"法定"的行政[1]，确保行政机关实施行政行为时依法行政，严禁"讨价还价"现象的出现，同时也对这一现象实施严厉的打击。

但社会经济高速发展的同时，先前传统的、单一的行政执法手段

---

[1] 张红：《证券行政法专论》，中国政法大学出版社，2017，第102页。

已经不能够适应当前的形势需要，因而《联邦德国行政程序法》认可了和解契约可代替行政执法手段，但为了避免行政监管机关对公权力的滥用，导致腐败的滋生，同时明确规定了和解契约严格的适用条件。其中第 54 条①规定，如果没有相反的法律规定，属于公法范围内的法律关系可通过合同予以设立、变更或撤销，行政机关可与相对人签署契约代替行政行为，这为证券执法和解制度的完善奠定了一定的理论基础。《联邦德国行政程序法》的第 55 条②规定，在经过慎重考虑的情况下，双方当事人可以通过协商的方式来彼此让步，化解纠纷，那么可以签订这样的和解协议或合同，同时该协议有等同于实体法的效力。另外，德国行政法领域的学者们认为和解契约属于行政合同，需要满足一定的条件才可以适用，如相关的法律规定或事实处于不确定状态；在不确定的状态下查明成本支出巨大或不能查明，不符合行政目的；通过双方协商能达成合意。

德国在证券监管的早期，于 1998 年和 2001 年分别通过《有价证券交易法》和《证券收购和兼并法》，然而并没有明确规定证券执法和解制度。对于出现的证券违法行为，联邦金融监管局会对尚未构成刑事犯罪的行为给予行政处罚。2013 年公布的《有价证券交易法行政罚款指南》规定了行政处罚的裁量基准，确定了具体化的裁量权行使范围、种类和幅度等，在一定程度上保证了裁量权在证券执法和解过程中的统一性和平等性。在实践过程中，德国以和解方式解决的行政案件还是大量存在的。

---

①　该法第 54 条规定：公法范畴的法律关系可以通过合同设立、变更或撤销，但以法规无相反规定者为限。行政机关尤其可以与拟作出行政行为的相对人，以签订公法合同代替作出行政行为。

②　该法第 55 条规定：第 54 条第 2 句意义上的公法合同，经明智考虑事实内容或法律状况，可借之通过相互让步消除存在的不确定性（和解）时，可以签订，但以行政机关按义务裁量认为达成和解符合目的为限。

（四）中国台湾

我国台湾地区诸多制度源自德国，受到德国立法理念的影响也比较大。"台湾行政程序法"专门规定了十分严格的和解契约条款。行政过程中的和解，在不违反有关规定，当事人自愿的情况下，为有效达成行政目的，可以及时解决行政纠纷而订立的有效和解契约。从理论上讲，台湾地区认为和解契约属于行政契约，是行政机关与行政相对人通过达成公法契约来代替行政处罚的隶属契约，将其运用到实践中也得到学者的认可。台湾地区的"金融监督管理委员会"是证券领域的监管机构，通过制定"证券金融监督管理委员会缔结和解协议处理原则"，规定关于监管机关和证券商、证券投资信托和期货商等相对人达成和解契约的问题，如和解的条件、程序和效力等。

我国台湾地区在证券行政和解上也有几大特点。首先，对和解协议进行强制执行的规定。我国台湾地区的规定是，和解协议一旦生效，被监管人应当立即履行协议，否则"金融监督管理委员会"可以就该和解协议提起强制执行，用强制力来保障和解协议的执行。其次，规定了和解协议变更和撤销的事由。[①] 台湾规定和解协议在遇到新的事实证据或者重大情势变更时可以进行变更或者中止，撤销的事由则有四项：一是相对人伪造或者变造文件；二是和解时不知晓法院已就该事项作出判决；三是对相对人的资格或者争议焦点存在误解；四是因相对人的隐瞒造成公共利益的严重损害。最后，设置第三人异议权。和解协议如果涉及第三人利益，利害关系人享有异议权。如果和解协议损害到第三人利益，需要征得第三人的同意。这是为保护利害关系人的利益而设计的。

（五）中国香港

香港地区的证券和解是从实践开始进而上升到法律层面的。香港

---

① 法律依据是"缔结行政和解契约处理原则"和"台湾行政程序法"。

证券及期货事务监察委员会（以下简称"香港证监会"，即 SFC）在法律授权之前，在一系列的案件中就运用了以纪律处分的方式就个案与相对人达成和解。香港证监会（SFC）享有对违法违规行为的纪律处分权。直到 2002 年，在纪律处分权中增设罚款和和解两项规定。[①] 2005 年，香港证监会以文件的形式详细阐述了这一制度。[②] 在何阶段进行和解则多倾向于纪律处分的调查阶段和上诉审裁阶段，法律规定在处分决定正式出台前的任何时间均可以申请和解。在 2003 年正式生效的《证券及期货条例》予以规定，并且在金融立法中明确规定了香港的证券监管机关可以针对证券违法行为与违法行为人实施和解，达成和解协议。另外，又以文件的形式制定了《致持牌法团及注册机构的通函——就纪律处分个案达成和解》，细致地说明了证券监管和解制度。香港的特色在于三个方面。首先，充分保障信息公开。香港的证券和解明确了信息公开原则，香港证监会在决定进行和解的时候，会将能向公众公开的证券和解详情传达给公众。其次，"无损权利"制度。香港的"无损权利"制度是指在和解协商以及协议中的任何内容都不得作为被监管者对相关责任的承认，这对证券和解的制度目标和和解协议的顺利完成具有非常重要的意义。最后，在和解金的用途上，香港是将所有和解金作为政府的财政收入，而不是像美国一样将和解金分离出一部分来作为对投资者损失的补偿。

三　典型案例

（一）"万福生科"案

2012 年 9 月 14 日，创业板首家欺诈发行股票的上市公司万

---

① 参见香港《证券及期货条例》。
② 参见香港证监会法规执行部于 2005 年发布的《致持牌法团及注册机构的通函——就纪律处分个案达成和解》。

福生科被证监会立案稽查。2013 年 9 月 24 日，经查实，证监会公布了对万福生科造假案作出的《行政处罚决定书》。认定万福生科存在以下违法事实：一是，万福生科《首次公开发行股票并在创业板上市招股说明书》存在虚假记载，2008 ~ 2010 年分别虚增销售收入 12262 万元、14966 万元、19074 万元，虚增营业利润 2851 万元、3857 万元、4590 万元，公司不符合公开发行股票的条件；二是，2011 年年度报告存在虚假记载，2011 年虚增销售收入 28681 万元；三是，未就公司 2012 年上半年停产事项履行及时报告、公告义务；四是，2012 年半年度报告存在虚假记载和重大遗漏，虚增销售收入 16549 万元，未披露前述公司部分生产线 2012 年上半年停产的事项。证监会依法对万福生科、相关中介机构及有关责任人员给予警告、罚款、没收业务收入、暂停保荐业务许可、撤销证券从业资格等行政处罚，有的还采取终身证券市场禁入措施。欺诈发行及虚假记载行为涉嫌犯罪，被移送公安机关追究刑事责任。

2013 年 5 月 10 日，为先行偿付符合条件的投资者因万福生科虚假陈述事件而遭受的投资损失，平安证券有限责任公司（以下简称“平安证券”）作为万福生科首次公开发行并上市的保荐机构及主承销商，出资 3 亿元设立“万福生科虚假陈述事件投资者利益补偿专项基金”，委托中国证券投资者保护基金有限责任公司（以下简称“投保基金公司”）担任基金管理人，设立网上和网下两种方案与适格投资者实现和解。专项补偿基金采取了“先偿后追”的模式，由平安证券先以基金财产偿付符合条件的投资者，然后通过法律途径向万福生科虚假陈述的主要责任方及连带责任方追偿。若投资者不接受基金的补偿方案，可依法向有管辖权的人民法院提起诉讼，要求万福生科虚假陈述相关责任方予以赔偿。

专项补偿基金资产属于平安证券，投保基金公司与平安证券的法律关系为委托代理关系，负责基金的日常管理及运作。投保基金公司成立了专门的基金补偿工作组负责具体的投资者补偿执行工作，还独立指定商业银行作为基金托管人、聘请专家组成专家委员会进行顾问咨询、聘请中介机构参与日常工作。基金的存续期间为成立之日起 2 个月，投保基金公司可以根据基金运作的实际情况延长基金存续期间，最迟不超过 2013 年 12 月 31 日。基金存续期间届满将由投保基金公司组织清算，剩余财产返还平安证券。截至 2013 年 6 月 28 日，同时完成网签及有效申报、与平安证券达成有效和解的适格投资者人数为 12756 人，占适格投资者总人数的 95.01%，对适格投资者支付的补偿金额为 178565084 元，占应补偿总金额的 99.56%。7 月 3 日，补偿资金已全部划付至适格投资者账户。

万福生科投资者利益补偿工作是国内证券市场上首个证券中介机构主动出资先行赔付投资者损失的案例。专项补偿基金设立本身具有促进投资者合法权益保护的积极意义，其意义不仅仅在于责任主体主动承担赔偿责任，更是证券市场对于投资者权益保护模式的一次机制创设性探索，开创了资本市场投资者保护方式的先河，探索了设立基金主动补偿投资者的新机制。

（二）"海联讯"案

深圳海联讯科技股份有限公司（以下简称"海联讯"）于 2000 年 1 月 4 日在国家工商行政管理局登记注册，公司主要从事电力信息化系统集成业务，是我国电力信息化行业中发展较好的具备竞争力的企业。随着企业发展，2011 年在深交所上市成功，随即两年未满便因涉嫌违反《证券法》被证监会立案调查。海联讯上市之前发展前景良好，只可惜海联讯上市之路"不易"。海联讯起初是想在海外上市，但是赶在非典时期，上市被搁置。参与国内创业板热潮多次被拒，耗费精力，于是再次申请开始以多种手段财务造假以便适应 IPO 上市资格。以造假招股说明书为例，海联讯招股说明书表明，海联讯已经掌握了电力企业发展数字智能电网业务所必须掌握的核心技术，核心技术的收入在业务总收入中占比很高且呈逐年上升的趋势。但是当年的审计报告表示，海联讯半数以上的业务包含自有和外购的软硬件产品，在审计报告中其业务划分与招股说明书中所划分的业务显示不一致。如将审计报告中的业务划分进行核算，其核心技术带来的收入占比不足 10%，因此海联讯第一次上市申请被否。2011 年，海联讯发布新的招股说明书，吸取第一次经验隐去了相关有争议的数据，显然为了进入 IPO 的大门制造了虚假财务数据。

在证监会立案调查海联讯虚假陈述案后，海联讯进入了财务自查阶段，对其前期数据追溯更正，仅在上市的 2011 年海联讯公司就净利润虚增 2279 万元，自查调减至 3994 万元。在证监会调查期间，海联讯的四名主要股东主动拿出 2 亿元成立专项补偿基金，授权国务院认可的投保机构担任其基金管理人。受违法行为损害的中小投资者 2 个月内就获得了补偿资金。

"万福生科"案和"海联讯"案所采用的方式是先行赔付，欺诈责任主体在证监会做出立案调查决定后，自己提出先行补偿中小投资者方案，公布给中小投资者，想获取赔偿款的适格中小投资者签署《和解承诺书》，自愿放弃对相关主体的追偿权，由先行支付赔偿款的责任主体向连带责任人追偿。2015 年《证券法》修改时增设中小投资者保护章节，将这一制度写入规定。

（三）"高盛"案

2013 年 10 月 8 日至 2015 年 7 月 3 日近两年时间中，高盛（亚洲）有限责任公司（以下简称"高盛亚洲"）自营交易员通过在北京高华证券有限责任公司（以下简称"高华证券"）开立的高盛经纪业务账户进行交易，同时向高华证券自营交易员提供业务指导。双方于 2015 年 5 月至 7 月期间的 4 个交易日的部分交易时段，从事了其他相关股票及股指期货合约交易。中国证监会于 2016 年 7 月对行政和解申请人（以下简称"申请人"）的上述行为进行立案调查，被调查行为即为境内证券公司（高华证券）涉嫌违规为境外证券公司（高盛亚洲）违规炒 A 股提供通道。

直至 2019 年 4 月 23 日，证监会才与高盛亚洲、高华证券以及高盛亚洲和高华证券的相关工作人员等 9 名行政和解申请人达成行政和解协议。申请人已履行行政和解协议规定的义务，交纳行政和解金 1.5 亿元；已采取必要措施加强公司的内控管理，并在完成后向中国证监会提交书面整改报告；证监会依照规定终止对申请人有关行为的调查、审理程序。[①]

此案是 2015 年 2 月证监会发布《行政和解试点实施办法》以来首个成功达成证券执法和解的案例，标志着我国证券监管执法进入了一个新的阶段。

---

① 参见《中国证券监督管理委员会公告》（〔2019〕11 号）。

四 相关法条

《证券法》第一百七十一条、《行政和解试点实施办法》、《行政和解金管理暂行办法》、《证券期货行政和解实施办法（征求意见稿）》。

五 风险提示与实务要点

目前我国证券行政执法和解的案件数量较少。即便如此，行政相对人也应当积极地利用证券行政和解制度，赔偿有关投资者损失，尽快终止行政执法程序，消除不良影响。

申请和解的时间：行政相对人自收到中国证监会送达的案件调查通知书之日起至中国证监会作出行政处罚决定前，可以向中国证监会提出行政和解申请。需要注意的是，立案调查不满3个月的案件，不予受理。

证券行政和解的程序及期限：和解协商应当以当面协商的形式进行。中国证监会进行协商的工作人员不得少于2人，并应当向行政相对人出示执法证件。进行行政和解协商的期限为自和解实施部门作出受理行政和解申请决定之日起三个月。经中国证监会主要负责人批准，可以延期。

证券行政和解协议：行政和解协议达成后，行政相对人不履行行政和解协议的，行政和解协议无效。因此，行政相对人应注意及时履行行政和解协议。

行政相对人如未能在规定期限内与证监会达成行政和解协议、未按照约定履行行政和解协议的，中国证监会在继续调查、恢复审理时不会再次适用行政和解程序。行政相对人应注意和解协商的期限，在三个月内与中国证监会达成行政和解协议，并按照约定履行行政和解协议。

第三节　行政复议

一　基本内容

行政复议是指与具体行政行为具有法律上利害关系的人、法人或组织认为行政机关所作出的行政行为侵犯其合法权益，依法向具有法定权限的行政机关申请复议，由复议机关依法对被申请行政行为合法性和合理性进行审查并作出决定的活动和制度。

行政复议是行政机关内部监督和纠错的方式，是国家行政救济机制的重要环节。

（一）复议机关

中国证监会作为证券市场的行政监管机构，亦是与证券市场相关的具体行政行为的复议机关，其受理行政复议申请，对被申请行政复议的具体行政行为进行审查并作出决定。

中国证监会负责法制工作的机构作为行政复议机构，具体办理行政复议事项。行政复议机构除了应当严格按照《中华人民共和国行政复议法》《中华人民共和国行政复议法实施条例》等法律规定履行复议审查职责外，还应当在复议程序中，组织行政复议听证、根据需要提请召开行政复议委员会工作会议、提出审查意见、办理行政复议和解、组织行政复议调解等事项。此外，中国证监会专门设立行政复议委员会，审查重大复杂行政复议案件。

（二）复议范围

根据《中国证券监督管理委员会行政复议办法》第七条的规定："公民、法人或者其他组织对中国证监会或其派出机构、授权组织作出的具体行政行为不服，有下列情形之一的，可以向中国证监会申请行政复议：

（一）对中国证监会或其派出机构作出的警告、罚款、没收违法所得、责令关闭、撤销任职资格或者证券从业资格、暂停或者撤销业务许可、吊销业务许可证等行政处罚决定不服的；

（二）对中国证监会或其派出机构作出的证券、期货市场禁入决定不服的；

（三）对中国证监会或其派出机构作出的冻结、查封、限制交易等行政强制措施不服的；

（四）对中国证监会或其派出机构作出的限制业务活动、限期撤销境内分支机构、限制分配红利、限制转让财产、责令限制股东行使股东权利以及责令更换董事、监事、高级管理人员或者限制其权利等行政监管措施不服的；

（五）认为中国证监会或其派出机构、授权组织侵犯其合法的经营自主权的；

（六）认为符合法定条件，申请办理证券、期货行政许可事项，中国证监会或其派出机构没有依法办理的；

（七）认为中国证监会或其派出机构在政府信息公开工作中的具体行政行为侵犯其合法权益的；

（八）认为中国证监会或其派出机构、授权组织的其他具体行政行为侵犯其合法权益的。"

根据《中国证券监督管理委员会行政复议办法》第八条的规定："中国证监会或其派出机构、授权组织的下列行为不属于行政复议申请的范围：

（一）中国证监会或其派出机构、授权组织对其工作人员作出的行政处分以及其他人事处理决定；

（二）中国证监会或其派出机构、授权组织对证券、期货民事争议所作的调解行为；

（三）由中国证监会或其派出机构作出的行政调解和行政和解行为；

（四）不具有强制力的证券、期货行政指导行为；

（五）中国证监会或其派出机构对公民、法人或者其他组织提起申诉的重复处理行为；

（六）证券、期货交易所或证券、期货业协会依据自律规则，对公民、法人或者其他组织作出的决定；

（七）对公民、法人或者其他组织的权利义务不产生实际影响的行为。"

（三）复议申请期限

行政相对人或利害关系人应当自收到行政处罚决定书或市场禁入决定书之日起 60 日内，或自知道该具体行政行为之日起 60 日内申请复议。

（四）证券行政复议和解

经被申请人同意，原承办部门、派出机构或者授权组织和申请人可以依照《中华人民共和国行政复议法实施条例》第四十条的规定，在作出行政复议决定之前自愿达成和解，并向行政复议机构提交书面和解协议。[①]

（五）证券行政复议调解

有下列情形之一的，行政复议机关可以进行调解：①公民、法人或者其他组织对中国证监会行使自由裁量权作出的具体行政行为不服申请行政复议的；②行政赔偿或者行政补偿纠纷。[②]

二　比较法参照

（一）美国

美国关于证券行政复议的相关规定，主要体现在《公平基金与

---

① 参见《中国证券监督管理委员会行政复议办法》第三十三条。

② 参见《中国证券监督管理委员会行政复议办法》第三十六条。

吐赃计划规范和实践规则》（以下简称《公平基金规则》）的规定中。美国行政复议包括听证期间复议、听证官初始裁决的复议、对自律组织的决定申请复议、对依联邦法典章条款授权所做决定的复议和对委员会颁发的终局裁定的再次复议五种不同类型。

与中国行政复议制度不同之处。①美国执法程序中复议制度并不完全是事后监督程序，而是可以选择的程序，尤其是前两种复议。这种做法的优点在于可以为当事人提供更多表达意见和救济的机会，降低被诉的风险。②《公平基金规则》将复议申请人范围规定得十分宽泛，除了当事人外，因行政决定受到侵害的任何人都可以提起行政复议，并通过严格的复议程序保障复议申请人的权利。③《公平基金规则》赋予 SEC 主动依职权提起复议的职能，同时规定了严格的复议程序、复议范围、强制复议事项委员会对依法定条件作出的决定必须进行复议等，以依法履行职权。《公平基金规则》规定，SEC 有权随时主动提议，将任何事宜提交其复议，但是，这种依职权的复议并不是随意提起，而是必须履行法定的程序，且复议范围也受到规则的限制。④《公平基金规则》明确了复议程序为司法审查的前置程序，并规定相关人员有权对最终裁决进行再次复议，体现了行政权力用尽原则。对听证官初始裁决的复议和对自律组织的决定申请复议，是依据《美国联邦行政程序法》的规定对终局裁决或者终局裁定请求司法审查的前置程序。该项规定一方面充分尊重专业判断，另一方面又可以降低司法成本。⑤《公平基金规则》虽然没有设立独立的复议机构，但由于《美国联邦行政程序法》规定了职责分离原则，因此调查人员与裁决人员严格分离。独立的行政法官制度保证了"自己不能做自己的法官"。①

---

① 马洪雨：《论政府证券监管权》，博士学位论文，西南政法大学，2008，第137页。

（二）英国

行政复议是英国行政纠纷解决机制①之一。英国对于行政复议并无固定的理解和定义，行政复议一般被称为行政审查或者内部审查，主要是公民个人请求政府重新审视自己的行为并期待其作出新的决定。值得说明的是，目前英国的行政复议制度仍在不断发展变化中，并未成型。在英国，行政复议是一个中间阶段，是介于政府作出具体行政行为与公众到裁判所申请司法审查之间的程序，呈现以下四个方面的特点。

第一，行政复议主要运用于大规模行政领域，在英国则主要体现在社会保障、移民和税收方面的运用；第二，行政复议的对象是行政机关自己作出的决定；第三，与行政裁判所的案件数量相比，申请行政复议的案件数量更多；第四，目前没有一个统一的行政复议体制，也没有建立关于行政复议的基本制度，行政复议正在不断探索中发展。②

（三）德国

德国将行政复议视为一种行政行为，《联邦德国行政程序法》规定所有的行政行为应当简单快速地进行，因此德国对复议程序的规定较为简单。在德国，申请行政复议既可以通过书面形式提出，也可以通过口头形式提出。但是，若以口头形式提起行政复议申请，必须在具体期限内予以记录。此外，复议机关通常是作出原行政决定机关的上一级机关。在特殊情况下，如果是德国联邦州的中级地方政府作出的决定，因为没有一个州政府作为行政复议机关，则由这个州的部③作为复议机关。

---

① 英国行政纠纷解决机制的第一种机制是司法审查，主要是指法院系统对行政决定的合法性进行审查；第二种机制是行政监察专员，主要是调查对政府的投诉，调查行政失当；第三种机制是裁判所，裁判所一般会针对行政决定的上诉作出裁定，是独立的司法机构；第四种机制就是行政复议。

② 曹鎏：《五国行政复议制度的启示与借鉴》，《行政法学研究》2017 年第 5 期。

③ 相当于我国的省厅。

一般行政复议机关不仅审查合法性，也需要审查合理性，行政复议机关有权作出与初始行政机关不同的决定。德国为了提高审查效率，仅进行合法性审查的情况非常普遍。德国复议审查程序包括书面程序和听证程序，但大部分复议案件都是书面审理。复议机关有权对案件进行全面审查，可以依职权重新查明事实、调取证据，在特定情况下，应当给当事人表达意见的机会，尤其是可能作出加重当事人负担的决定时，必须听取当事人的意见。①

三 典型案例

（一）张智军申请行政复议案[《中国证券监督管理委员会行政复议决定书（张智军）》（〔2016〕28号）]

2012年12月26日，海南亚太实业发展股份有限公司（以下简称"亚太实业"）控股股东兰州亚太工贸集团有限公司（以下简称"兰州亚太"）启动了亚太实业的定向增发工作。2014年1月31日至2月13日，亚太实业实际控制人确定亚太实业收购兰州伟慈制药有限责任公司（以下简称"伟慈制药"），同时进行再融资，实施凝血酶和中成药项目。2014年2月13日上午9点，亚太实业召开年度工作会议讨论亚太实业重组事宜。会议确定争取在2月底前签约收购伟慈制药，6月底完成在证监会的报备，确保重组100%成功。贾某林参加了此次会议。2014年2月14日，亚太实业与贾某林等15人签署保密协议。2014年3月14日，亚太实业股价发生较大波动。当日收盘后，亚太实业申请公司股票停牌。2014年3月15日，亚太实业发布重大事项停牌公告。2014年4月3日，亚太实业召开董事会会议，决定亚太实

① 曹鎏：《五国行政复议制度的启示与借鉴》，《行政法学研究》2017年第5期。

业拟向兰州亚太非公开发行 1.5 亿股，募集资金总额不超过
67500 万元，用于收购伟慈制药 100% 股权，对伟慈制药投资建
设凝血酶、中成药项目及补充公司流动资金。2014 年 4 月 8 日，
亚太实业股票复牌。

《中国证监会行政处罚决定书》（〔2016〕15 号）认定亚太
实业拟向兰州亚太发行股份、收购伟慈制药 100% 股权并对伟慈
制药投资及补充公司流动资金属于内幕信息，内幕信息形成时点
不晚于 2014 年 2 月 13 日，公开于 2014 年 3 月 15 日。贾某林为内
幕信息知情人。由于内幕信息公开前，贾某林与号码 136×××
2388 的使用人通话 21 次，该号码登记在张智军名下，系周某鹏和
张智军共用，张智军为使用人之一；张智军妻子岳某微所控制的
账户在 136×××2388 号码与贾某林联系时点之后交易"亚太
实业"的行为存在异常，且无合理解释；张智军与贾某林系老乡、
旧同事关系，故证监会认定张智军自贾某林处获知内幕信息，并
向其妻子岳某微传递内幕信息，违反了《证券法》第七十六条第
一款的规定，构成《证券法》第二百零二条所述泄露内幕信息行
为；岳某微控制相关账户进行了内幕交易。依据《证券法》第二
百零二条的规定，证监会决定对张智军处以 5 万元罚款；没收岳
某微违法所得 230055.94 元，并处以 230055.94 元罚款。

张智军不服，向证监会提出行政复议申请，认为《中国证
监会行政处罚决定书》（〔2016〕15 号）认定的事实不清，处理
不当，请求予以撤销。

证监会经依法审查，于 2016 年 5 月 31 日作出《中国证券监
督管理委员会行政复议决定书（张智军）》（〔2016〕28 号），决
定认为：张智军在内幕信息敏感期内通过 136×××2388 号码
与贾某林电话联系、获知内幕信息并进行泄露的证据还不够充
分，根据《中华人民共和国行政复议法》第二十八条第一款第

（三）项的规定，撤销《中国证监会行政处罚决定书》（〔2016〕15号）对张智军作出的行政处罚。

本案是2004～2016年第一例经申请人复议，证监会认为申请人获知内幕信息并进行泄露的证据不充分而撤销行政处罚的案件，可谓具有里程碑式的意义。

（二）章鹏飞申请行政复议案件、范建国申请行政复议案件[《中国证券监督管理委员会行政复议决定书（章鹏飞、范建国）》（〔2014〕29号）]

2012年3月30日，天目山药业股份有限公司（以下简称"天目药业"）与杭州誉振科技有限公司（以下简称"誉振科技"）、杭州天目保健品有限公司和杭州天目山铁皮石斛有限公司签署的股权转让《补充协议》中有天目药业应收账款清收等内容，属于重大事件，应立即披露。天目药业2012年7月26日才披露此协议，违反了《证券法》第六十三条、六十七条和《上市公司信息披露管理办法》第三十条第一款的规定。对于天目药业上述违法行为，认定时为天目药业实际控制人章鹏飞负有责任；时任天目药业董事长范建国为直接负责的主管人员。根据《证券法》第一百九十三条的规定，给予章鹏飞警告并处20万元罚款；给予范建国警告并处5万元罚款。

章鹏飞、范建国认为，《中国证监会行政处罚决定书》（〔2013〕69号）认定事实不清、证据不足，请求予以撤销。因此二人分别向证监会提出行政复议申请。证监会受理后依法予以合并审理。

证监会在复议中经审查查明：章鹏飞在证监会行政复议调查核实阶段的询问笔录中明确称，《补充协议》签署后朱某稼向其报告过，即章鹏飞知情《补充协议》的签署，其申请行政复议理由不成立。范建国在复议中提出的电子邮件属于新证据，并未在证监会调查处罚本案期间提出。但鉴于《补充协议》签订时间是信息披露的重要时点，证监会复议认为有必要核实。根据行政复议调查阶段调取的关于 2012 年 5 月 15 日范建国修改《补充协议》的电子邮件，以及《补充协议》签署各方等相关人员的询问笔录，《补充协议》实际签署时间并非 2012 年 3 月 30 日，而是 2012 年 5 月 15 日之后至 2012 年 5 月 20 日天目药业董事会换届之前，但现有证据无法确认具体签署日期。根据天目药业公告，2012 年 4 月 20 日天目药业第一大股东及实际控制人发生变更；2012 年 5 月 20 董事会换届后，范建国不再担任董事长。

经依法审查，证监会于 2014 年 4 月 24 日作出《中国证券监督管理委员会行政复议决定书（章鹏飞、范建国）》（〔2014〕29 号），决定认为，《补充协议》实际签署时间、申请人的职务和身份等事实涉及履行信息披露义务时点和法律责任的认定。但处罚认定的《补充协议》签署时间与复议调查中核实的实际签署时间不一致；没有证据证明申请人章鹏飞在《补充协议》签署时仍为天目药业实际控制人。因此，处罚认定的主要事实不清，证据不足。根据《中华人民共和国行政复议法》第二十八条第一款第（三）项的规定，撤销《中国证监会行政处罚决定书》（〔2013〕69 号）对章鹏飞、范建国作出的行政处罚。

（三）石践宇行政复议案件[《中国证券监督管理委员会行政复议决定书（石践宇）》（〔2011〕1号）]

2010 年 7 月 12 日，证监会作出的《中国证监会行政处罚决定书》（〔2010〕25 号）认为：2005 年 12 月 1 日至 12 月 31 日，证券投资咨询人员汪梦飞、梁祖芝、陈建平、石践宇、罗嗣红、熊旭春等在上海天力投资顾问公司（以下简称"上海天力"）制作的电视媒体股评节目中发表了虚假、夸大、误导性的言论。上述节目在四川卫视、山东卫视、东南卫视、广东卫视播出。同时，上海天力在开展证券投资咨询业务中还存在向投资者承诺收益的行为。2006 年 1 月 1 日后，上海主升浪文化传播有限公司（以下简称"上海主升浪"）制作了媒体股评节目，在四川卫视、山东卫视、宁夏卫视播放，实际经营并销售含有证券投资分析、预测和建议的《点金周刊》和"声讯卡"，并获得相关销售收入，在不具备证券投资咨询业务资格的情况下从事了证券投资咨询业务。在行政处罚陈述申辩中，当事人石践宇认为其个人只在影响力很小的电视台做过节目，次数也很少，请求减轻处罚。经复核，石践宇在宁夏卫视作过股评节目，由于卫星电视信号覆盖全国，节目内容的接收者并不局限于某一区域，因此会产生一定的影响力。但与其他当事人比较而言，石践宇节目次数较少，其申辩意见部分予以采纳。最终，证监会认定：上海天力及其证券投资咨询人员石践宇等人的上述行为违反了《证券、期货投资咨询管理暂行办法》（以下简称《暂行办法》）第十九条、第二十条、第二十四条第（二）项的规定，构成了《证券法》第二百二十六条第三款以及《暂行办法》第三十四条、第三十六条所述违法行为。根据当事人的违法事实、性质、情节与社会危害程度，依据《暂行办法》第三十四条、第三十六条等规定，证监会对石践宇等有关当事人作出了行政处罚，决定给予石践宇警告并处以 3 万元罚款。

申请人石践宇认为，《中国证监会行政处罚决定书》（〔2010〕25 号）对其个人作出的行政处罚认定事实不清、处罚依据不足，请求撤销对其进行的行政处罚。

2011 年 3 月 28 日，证监会经审查后作出《中国证券监督管理委员会行政复议决定书（石践宇）》（〔2011〕1 号），决定认为：证券投资咨询机构及其从业人员从事证券投资咨询服务，应当自觉遵守法律法规，恪守谨慎、诚实和勤勉尽责、公正公平的原则，完整、客观、准确地运用有关信息、资料向投资者或客户提供投资分析、预测和建议，不得利用传播媒介或者其他方式提供、传播误导投资者的信息。经进一步审查，《中国证监会行政处罚决定书》认定的 2005 年12 月 1 日至 12 月 31 日期间，申请人石践宇在上海天力制作的电视媒体股评节目在四川卫视、山东卫视、东南卫视、广东卫视播出的事实不成立，认定申请人石践宇存在违法开展证券投资咨询业务所依据的事实不清。申请人石践宇提出的关于行政处罚决定书认定事实的异议成立。因此，根据《中华人民共和国行政复议法》第二十八条第一款第（三）项的规定，证监会决定：撤销《中国证监会行政处罚决定书》（〔2010〕25 号）对石践宇作出的行政处罚决定。

（四）郭凯霞、孙永亮、刘浩洋申请行政复议案[《中国证券监督管理委员会行政复议决定书（中富证券）》（〔2009〕11号）]

2004 年 6 月 28 日，中富证券有限责任公司（以下简称"中富证券"）挪用谭惠轩、何丽明账户内已被司法机关冻结的 2.58亿元资金，买入国债后转指定至金元证券有限责任公司（以下简称"金元证券"）北京新外大街证券营业部邓水平、张凤歧账户，并于 2004 年 6 月 29 日在金元证券北京新外大街证券营业部抛出 1.50 亿元国债。对上述行为直接负责的是郭凯霞、孙永亮、刘浩洋。

证监会作出的《中国证监会市场禁入决定书（中富证券郭凯霞等 7 名责任人员）》（〔2009〕2 号）认定，中富证券挪用客户交易结算资金、证券的行为违反了自 1999 年 7 月 1 日起施行的《中华人民共和国证券法》（以下简称原《证券法》）第七十三条的规定，构成了原《证券法》第一百九十三条所述的违法行为。根据《证券市场禁入暂行规定》第二条、第六条及第七条的规定，认定郭凯霞为市场禁入者，自宣布决定之日起，5 年内不得从事任何证券业务和担任上市公司高级管理人员；认定孙永亮、刘浩洋为市场禁入者，自宣布决定之日起，3 年内不得从事任何证券业务和担任上市公司高级管理人员。

申请人郭凯霞、刘浩洋、孙永亮不服《中国证监会市场禁入决定书（中富证券郭凯霞等 7 名责任人员）》（〔2009〕2 号）对其作出的市场禁入决定，向证监会提出行政复议申请。

在行政复议审查中，证监会查明：2004 年 6 月 27 日，经申请人郭凯霞签字授权，将中富证券上海营业部所有账户的查询权限赋予稽核部经理刘浩洋。2004 年 6 月 28 日，北京首都国际机场公安分局向中富证券出具《关于划转冻结国债的函》（内部函件），中富证券未能向证监会提供该函原件。2004 年 6 月 28 日，中富证券对包括谭惠轩、何丽明账户在内的部分账户进行了解冻业务操作，谭惠轩、何丽明账户当日买入国债共计 2.58 亿元。2004 年 6 月 29 日，中富证券将上述 2.58 亿元国债转指定至金元证券北京新外大街证券营业部邓水平、张凤歧账户，并于当日抛售了邓水平账户内的国债 1.50 亿元。该《市场禁入决定书》所述的违法违规行为中，应当由郭凯霞、刘浩洋、孙永亮直接负责的是 2004 年 6 月 28 日中富证券挪用客户资金、证券的行为。

另查明，郭凯霞、刘浩洋在中富证券风险处置前，在维持公司业务正常进行、保全资产、处置突发事件等方面发挥了一定作用，基本上能配合证监会相关工作。申请人挪用客户委托理财资金的行为，由于按监管要求较为及时地进行了纠正，未造成直接损失。

2009 年 10 月 28 日，证监会作出《中国证券监督管理委员会行政复议决定书（中富证券）》（〔2009〕11 号），决定认为：中富证券在未经客户授权、未向相关部门报告的情况下，擅自解冻上述账户资金并购买国债，通过转指定至其他账户后抛售，违反了原《证券法》第七十三条的规定，构成了原《证券法》第一百九十三条所述的违法行为。中富证券违法违规行为主要发生在申请人任职之前。申请人郭凯霞、刘浩洋作为中富证券新股东派驻的临时托管小组成员及管理人员，与中富证券主要违法违规行为的责任人员相比，责任较小，情节较轻，在责任认定上应予区别。证监会认为，为保证证监会行政监管措施适用的适当性，在已对申请人郭凯霞作出行政处罚的情况下，对郭凯霞、刘浩洋、孙永亮可以不适用市场禁入措施。因此，根据《中华人民共和国行政复议法》第二十八条第三款第（五）项之规定，证监会决定：撤销《中国证监会市场禁入决定书（中富证券郭凯霞等 7 名责任人员）》中有关认定郭凯霞、孙永亮、刘浩洋为市场禁入者的决定。

四　相关法条

与证券行政复议相关的法律法规、部门规章主要包括《中华人民共和国行政复议法》《中华人民共和国行政复议法实施条例》《中国证券监督管理委员会行政复议办法》等。

五　风险提示与实务要点

公开的证券行政复议案件显示，证监会经审查后，通过复议程序撤销对行政相对人的行政处罚案件占比较小。但是，即便如此，对于行政相对人来讲，也应当在事发过程中留痕以保存证据，事后积极地利用行政复议程序进行救济，以便维护自身合法权益。

行政相对人申请行政复议的理由应当关注行政主体（证监会）的

行政行为是否符合法定程序。根据《行政处罚法》等相关法律规定，行政机关实施具体的行政行为，应当严格根据法律、法规或规章规定的程序实施。证监会作为证券交易市场的行政监管机构，其对相对人进行行政处罚亦属于实施具体行政行为，故该行为应当受到程序规则的规制（《证券期货市场监督管理措施实施办法（试行）》第三章）。

第四节 行政诉讼

一 基本内容

行政复议和行政诉讼都是解决行政争议的方式。在我国，以当事人的自由选择救济方式为原则。

（一）范围

根据《中华人民共和国行政诉讼法》第十二条和第二十五条规定，证券监管权的司法审查范围是：中国证监会及其派出机构做出的具体证券监管行为，以及附带的规章下的规范性文件的合法性。前述"具体证券监管行为"包含：证监会或其派出机构采取的警告、罚款、没收违法所得、责令关闭、撤销任职资格或者证券从业资格、暂停或者撤销业务许可、吊销业务许可证等行政处罚决定；证监会或其派出机构采取的证券、期货市场禁入决定；证监会或其派出机构采取的冻结、查封、限制交易等行政强制措施；证监会或其派出机构采取的限制业务活动、限期撤销境内分支机构、限制分配红利、限制转让财产、责令限制股东行使股东权利以及责令更换董事、监事、高级管理人员或者限制其权利等行政监管措施。[1] 证监会或其派出机构、授

---

[1] 法律依据为《中国证券监督管理委员会行政复议办法》第七条、《中华人民共和国行政诉讼法》第十二条。

权组织对其工作人员作出的行政处分以及其他人事处理决定，对证券、期货民事争议所作的调解行为，由中国证监会或其派出机构作出的行政调解和行政和解行为，以及不具有强制力的证券、期货行政指导行为等不属于证券行政诉讼的范围。①

（二）诉讼主体

原告：证券行政行为的相对人，以及其他与行政行为有利害关系的公民、法人或者其他组织。

被告：直接向人民法院提起诉讼的，作出行政行为的行政机关是被告；经复议的案件，复议机关决定维持原行政行为的，作出原行政行为的行政机关和复议机关是共同被告；复议机关改变原行政行为的，复议机关是被告。

（三）起诉期限

公民、法人或者其他组织直接向人民法院提起诉讼的，应当自知道或者应当知道作出行政行为之日起 6 个月内提出。公民、法人或者其他组织不服复议决定的，可以在收到复议决定书之日起 15 日内向人民法院提起诉讼；复议机关逾期不作决定的，申请人可以在复议期满之日起 15 日内向人民法院提起诉讼。法律另有规定的除外。

（四）举证规则

监管机构对作出的被诉行政行为承担举证责任。人民法院在审理证券行政诉讼案件时，也应当考虑到部分类型的证券违法行为的特殊性，由监管机构承担主要违法事实的证明责任，通过推定的方式适当向原告、第三人转移部分特定事实的证明责任。

监管机构在听证程序中书面明确告知行政相对人享有提供排除其涉嫌违法行为证据的权利，行政相对人能够提供但无正当理由拒不提供，后又在诉讼中提供的，人民法院一般不予采纳。行政行为相对人

---

① 法律依据为《中国证券监督管理委员会行政复议办法》第八条。

在行政程序中未提供但有正当理由，且在诉讼中依照《最高人民法院关于行政诉讼证据若干问题的规定》提供证据的，人民法院应当采纳。

监管机构除依法向人民法院提供据以作出被诉行政行为的证据和依据外，还应当提交原告、第三人在行政程序中提供的证据材料。

电子数据证据应当符合下列要求。

①无法提取电子数据原始载体或者提取确有困难的，可以提供电子数据复制件，但必须附有不能或者难以提取原始载体的原因、复制过程以及原始载体存放地点或者电子数据网络地址的说明，并由复制件制作人和原始电子数据持有人签名或者盖章，或者以公证等其他有效形式证明电子数据与原始载体的一致性和完整性。

②收集电子数据应当依法制作笔录，详细记载取证的参与人员、技术方法、步骤和过程，记录收集对象的事项名称、内容、规格、类别以及时间、地点等，或者将收集电子数据的过程拍照或录像。

③收集的电子数据应当使用光盘或者其他数字存储介质备份。监管机构为取证人时，应当妥善保存至少一份封存状态的电子数据备份件，并随案移送，以备法庭质证和认证使用。

④提供通过技术手段恢复或者破解的与案件有关的光盘或者其他数字存储介质、电子设备中被删除的数据、隐藏或者加密的电子数据，必须附有恢复或破解对象、过程、方法和结果的专业说明。对方当事人对该专业说明持异议，并且有证据表明上述方式获取的电子数据存在篡改、剪裁、删除和添加等不真实情况的，可以向人民法院申请鉴定，人民法院应予准许。①

对被诉行政处罚决定涉及的专门性问题，当事人可以向人民法院

---

① 法律依据为最高人民法院《关于审理证券行政处罚案件证据若干问题的座谈会纪要》。

提供其聘请的专业机构、特定行业专家出具的统计分析意见和规则解释意见；人民法院认为有必要的，也可以聘请相关专业机构、专家出具意见。

专业意见应当在法庭上出示，并经庭审质证。当事人可以申请人民法院通知出具相关意见的专业人员出庭说明，人民法院也可以通知专业人员出庭说明。专业意见之间相互矛盾的，人民法院可以组织专业人员进行对质。

人民法院应当根据案件的具体情况，从以下方面审核认定上述专业意见：专业机构或者专家是否与本案有利害关系；专业机构或者专家是否具有合法资质；专业机构或者专家所得出的意见是否超出指定的范围，形式是否规范，内容是否完整，结论是否明确；行政程序中形成的专业意见是否告知对方当事人，并听取对方当事人的质辩意见。[①]

二 比较法参照

普通法系中并没有大陆法系国家所理解的"行政诉讼制度"。普通法传统中的"judicial review"是指法院所拥有的，因政府行为、立法机关通过的法律违反宪法而宣告其无效的权力。[②] 普通法中的司法审查制度包括违宪审查，审查权由普通法院行使；而以法国和德国为代表的大陆法系国家的违宪审查权通常是由专门机构行使，如法国的宪法委员会和德国的宪法法院。对政府行政立法和执法行为的审查则是普通法系和大陆法系共同的内容。

（一）美国的证券集中监管与司法审查

美国宪法没有关于司法审查的明文规定，这一制度是由联邦最高法院在"马伯里诉麦迪逊"一案中确立的。《美国联邦行政程序法》

---

① 法律依据为最高人民法院《关于审理证券行政处罚案件证据若干问题的座谈会纪要》。
② 〔美〕史蒂芬·R. 奥顿：《从马伯里诉麦迪逊案到布什诉戈尔案看美国司法审查制度的两百年》，郭树理译，《法学评论》2002 年第 3 期。

第 702 条将"行政行为司法审查"定义为，因行政行为而致使其法定权利受到不法侵害的人，或受到有关法律规定之行政行为的不利影响或损害的人以合众国为被告，诉诸法院，要求法院予以审查和给予救济。① 美国联邦最高法院有权对联邦行政机关和国会的行为以及州政府的活动进行审查，并宣布与宪法相抵触的行为无效；有权审查国会通过的有争议的法律的合宪性；有权宣布联邦的任何其他规范性文件违宪，二战后，行政机关的文件也被纳入法院审查的范围。

美国证券交易委员会为全国统一管理证券经营活动的最高机构，并成立了"联邦交易所"和"全国证券交易协会"，分别对证券交易所和场外交易进行管理，即形成了以 SEC 集中统一管理为主、辅以市场自律的较为完整的证券市场监管体系。在美国证券市场上，最直接的监管机构是交易所等自律性组织，SEC 要管的是这些自律性组织及其制定的市场行为规则。

美国联邦法院对 SEC 的司法审查主要体现在四个方面。第一，对授权 SEC 的法律以及证券市场基本法律进行审查。SEC 是根据美国《1934 年证券交易法》产生的独立组织，并由法律直接授予其行使证券监管权。SEC 是超然于美国联邦政府之外的独立组织，只对国会负责，它的基本使命是保护投资者和维护证券市场的廉正诚实。根据美国法院的判例，美国最高法院对成立并授予 SEC 监管权的《1934 年证券交易法》享有司法审查权。第二，对 SEC 的准立法行为进行审查。SEC 的准立法行为是指它对国会通过的证券法律进行解释和制定有关规则的行为。SEC 在制定规则时必须遵守《美国联邦行政程序法》，其可以制定的规则包括：①立法性规则，法律授权 SEC 制定相关规则，但这类规则必须经立法程序后方能生效；②程序

---

① 马怀德：《行政诉讼范围研究》，载樊崇义主编《诉讼法学研究（第一卷）》，中国检察出版社，2002。

性规则，如各种报表格式及程序的规定；③解释性及定义性规则，即对法律条文的有关内容和名词做出详细解释，并将这种解释列入规则，作为规则的内容。联邦最高法院如果认为 SEC 制定的上述规则与美国联邦宪法相抵触，则可以宣布其违宪。第三，对 SEC 的执法行为进行审查。根据美国证券法律，SEC 是一个特殊的政府部门，它既是美国政府的组成部分又独立于政府之外，对证券市场的一切行为实行独立的监督管理。根据《1934 年证券交易法》的授权，SEC 有责任对全国性的证券交易所进行监督，即有权暂停或者撤销某一证券交易所；有权将某一经纪人或者交易商逐出某一全国性证券交易所；有权暂停或者撤销协会的登记以及暂停或者取消协会会员的资格；有权暂停或者取消经纪人或交易商的登记；有权禁止某人加入经纪人公司、交易商事务所、注册的证券协会或投资顾问公司；有权禁止某人在投资公司中开展各项业务和履行各种职能。另外，SEC 有责任对自律组织的自律监管效果进行事后评估，如果认为监管不力或者行为违反法律规定，SEC 将进行修正、制裁和处罚。针对 SEC 的行政处罚，被处罚者可以向法院提起诉讼，请求司法裁决。SEC 在履行其监督管理职责时，还有权对违法的经纪人或证券交易商、全国性的证券交易所、投资公司或投资顾问举行听证。第四，对 SEC 的准司法行为进行审查。SEC 的准司法行为是指其享有行政处罚权，当有行政法官在场的情况下，SEC 有权提起某种诉讼。被告有权在诉讼中进行口头辩论，如果不服 SEC 的处罚，有权向联邦法院提起上诉。

（二）英国"金融特别法庭"与司法审查

英国法院不能对议会的立法行为行使司法审查权，对政府行政行为的司法审查则主要依据普通法下的"越权原则"。该原则在英国法上被赋予了丰富的内涵，构成越权行为的理由包括违反自然公正原则、程序上的越权以及实质的越权三个方面。在英国法域，对行政越权行为，公民可以通过提审令、禁止令、执行令和人身保护状等法律手段寻求公法上的救济，也可以通过损害赔偿、阻止令和确认判决等法律手段寻求私法上的救济。"越权原则"使英国法院有着广泛的司法审查权。

英国女王于 2000 年 6 月正式批准的《金融服务与市场法》，是其建国以来最重要的一部金融法，它取代了此前制定的一系列用于金融监管的法律、法规，而成为英国金融业的一部"基本法"。据此"基本法"成立了金融服务局（Financial Services Agency，FSA）——目前英国唯一的、独立的"超级金融监管机构"，从 2001 年 12 月 1 日开始对英国金融业实行全面监管。FSA 是非政府的监管组织，其监管权来自《金融服务与市场法》的直接授权，拥有制定金融监管法规、颁布与实施金融行业准则、给予被监管者以指引和建议以及借以开展工作的一般政策和准则的职能。同时，为确保 FSA 能够公正地行使职权，英国成立了专门的金融监管制约机构——金融服务和市场特别法庭。特别法庭具有完全的独立性，由兼具金融和法律专长的专业人士组成陪审团，审理发生在 FSA 与被监管机构之间且经双方协商难以解决的问题。与普通法院比较，这个特别法庭对金融争议的裁决更为专业。从英国的法律体系看，这个"特别法庭"的性质当属行政裁判所[1]。

关于司法审查的原告资格，1977 年修改后的英国最高法院规则做了如下规定："申请司法审查必须根据法院的规则得到高等法院的同意。高等法院不能同意，除非法院认为申请人对于申诉事项具有足够的利益。"这个规定要求司法审查的申请人对于其申请司法审查的行政行为"必须具有足够的利益"，从而消除了在不同类型的案件中原告资格的区别。

---

[1] 行政裁判所是指在普通法院之外通过法律授权设立的特别裁判机构，用以解决行政争端以及公民相互间某些与社会政策有密切联系的民事争端。参见罗峥嵘《论对证券市场行政监管行为的司法审查》，硕士学位论文，对外经济贸易大学，2004，第 17~19 页。

（三）日本的"金融厅"与司法审查

日本传统上属于大陆法系国家，但是在司法审查制度的安排上却接受了美国的做法，由普通法院行使司法审查权；并且与法国、德国这些传统的大陆法系国家相区别，违宪审查权也由普通法院行使。

日本是亚洲最发达的金融中心之一，为提高其金融机构的国际竞争力，日本政府从 1997 年开始对金融体制进行了改革，并于 2000 年 7 月 1 日成立了新的监管机构——金融厅，直属于日本内阁，是政府的行政机关，全面负责金融制度的安排、立案和监管。其下设证券交易监察委员，对证券市场进行监管。日本的证券监管更倾向于采用行政指导和直接干预的方式来管理。金融厅的行政监管以及准立法行为都在普通法院的审查范围之内。

（四）中国香港"证券及期货事务上诉审裁处"与司法审查

由于历史的原因，香港的司法审查制度类似于英国但又有自己的特点，主要包括两点。①对附属立法的审查。香港法院有权审查各政府部门或者独立的管理机构制定的各种规则、章程、细则等附属立法，并有权以越权、抵触法律条例、违反程序等为由宣布其无效。②对行政行为的审查。在极少数情况下，香港法院有权对行政部门的行为实行审查。

根据香港《证监会条例》，香港证监会是独立于政府的法定证券监管机构，除来自政府部门的监督外，对其起主要监督作用的是"证券及期货事务上诉审裁处"。《证监会条例》规定，注册申请人对于证监会拒绝注册、对注册附有条件，或者对所附条件不满；注册交易商对存款被没收或转让；注册被撤销或中止；申请人因申请成为一家注册公司大股东，而受到证监会所作决定不利影响；或者证监会依相关规定书面通知禁止注册人从事交易活动，或者将注册人限定于特定的活动范围；禁止注册人处置资产，或从事资产交易，或要求注册人以通知所述方式从事该资产交易的，当事人都可以向"上诉审裁处"提起上诉。"上诉审裁处"的裁决为终局裁决。香港法传承于普通法，作为普通法域，香港的"上诉审裁处"类似于英国的"金融特别法庭"，在法律体制上属于行政裁判所，因而香港高等法院有权对"上诉审裁处"的裁决进行司法审查。[①]

三　典型案例

在"北大法宝"司法案例数据库中，以案由为"行政处罚"、当事人为"中国证券监督管理委员会"、裁判结果包含"撤销"作为检索条件，共检索到三篇判决书。在行政处罚诉讼中，证监会仅在三个案件中败诉。

（一）张某1与中国证券监督管理委员会处罚决定和行政复议决定上诉案[(2017)京行终2185号]

1. 基本案情

2013年下半年任子行网络技术股份有限公司（以下简称"任子行"）董事长景晓军开始考虑并购以推动公司发展，并委托国信证券马华锋以及任子行证券部工作人员寻找并购标的。2014年1月15日，景晓军、任子行董秘王震强等人到深圳市天拓立方通讯科技有限公司（以下简称"天拓立方"）与该公司执行董事黎浩宇、史峻珲进行沟通，了解公司经营情况；2月12日和21日，任子行董事景晓东（景晓军弟弟）受景晓军委托，与王震强等人再次考察了天拓立方；3月12日，景晓军、景晓东、马华锋等人与黎浩宇、史峻珲进行了洽谈，沟通了天拓立方的财务、经营、技术等情况；3月20日，天拓立方刘伟明通知

---

① 罗峥嵘：《论对证券市场行政监管行为的司法审查》，硕士学位论文，对外经济贸易大学，2004，第20~21页。

马华锋，天拓立方巳与其他公司达成并购意向，双方洽谈终止。

2014年4月17日，马华锋将苏州唐人数码科技有限公司（以下简称"唐人数码"）资料发给景晓军、景晓东等人；4月24日，景晓东、马华锋与唐人数码总经理丁伟国进行洽谈；5月13日，景晓军、马华锋与丁伟国等人在深圳进行会谈，讨论了并购方式、股票和现金支付比例、股份锁定等内容；5月14日，双方再次会谈并初步确定了交易方案；5月15日，任子行向深圳证券交易所申请临时停牌；9月2日，任子行发布公告称拟通过现金及非公开发行股份相结合方式购买唐人数码100%股权，并于当天复牌。

张某1姐夫张语曾的账户于2007年10月12日开立于广发证券梅州大埔营业部，该账户自2014年3月14日至5月9日，共买入"任子行"股票52900股，2014年4月10日至9月9日卖出29060股，获利603355.34元。

张某1母亲周足英的账户于2008年3月12日开立于广发证券梅州大埔营业部，该账户自2014年3月14日至19日，共买入"任子行"股票172896股，2014年9月19日和25日，周足英账户卖出"任子行"股票86600股，获利1905123.02元。

2016年1月20日，中国证监会作出〔2016〕8号行政处罚决定书（以下简称"被诉处罚决定"）对于内幕信息的形成和公开过程作了认定。

中国证监会据上述事实认定：任子行并购重组的事项构成内幕信息，景某军为内幕信息知情人，内幕信息敏感期为2014年1月15日至5月15日；张某曾账户及周某英账户由张某1实际控制和使用，资金来源于张某1，由张某1或张某1委托其姐张某玲下单交易"任子行"股票。张某1与景某军是多年生意伙伴，双方关系密切，内幕信息敏感期内两人有联络。两个账户交易时点与内幕信息形成过程及张某1、景某军通信时间高度吻合，交易金额明显放大，买入态度坚决，交易特征异常。张某1交易"任子行"股票的行为违反了《证券法》第七十三条、第七十六条第一款的规定，构成《证券法》第二百零二条所述内幕交易行为。

中国证监会根据张某1违法行为的事实、性质、情节和社会危害程度，依据《证券法》第二百零二条的规定，决定责令张某1依法处理非法持有的股票，没收张某1内幕交易违法所得2508478.36元，并处以7525435.08元罚款。

张某1不服该处罚决定，向中国证监会申请行政复议。中国证监会经审查后，于2016年6月24日作出〔2016〕36号行政复议决定书（以下简称"被诉复议决定"），决定维持被诉处罚决定。张某1不服被诉处罚决定和被诉复议决定，向北京市第一中级人民法院（以下简称"一审法院"）提起行政诉讼。

一审法院认为，张某1的相关诉讼理由均不能成立，故判决驳回张某1要求撤销被诉处罚决定及被诉复议决定的诉讼请求。张某1不服一审判决，向北京市高级人民法院提起上诉。

2. 争议焦点

该案的争议焦点主要有以下几点：一是中国证监会对本案内幕信息的认定是否合法；二是如果本案存在中国证监会认定的内幕信息，对内幕信息敏感期的认定是否合法；三是中国证监会认定张某1知悉其所认定的内幕信息并进行了内幕交易，是否具有事实依据；四是中国证监会对违法所得的认定是否合法；五是中国证监会处罚程序是否合法正当。

3. 法院观点

其一，关于中国证监会对本案内幕信息认定是否合法的问题。

依据《证券法》① 第七十五条规定，证券交易活动中，涉及

---

① 本节所指《证券法》均为《中华人民共和国证券法（2014修正）》。

公司的经营、财务或者对该公司证券的市场价格有重大影响的尚未公开的信息，为内幕信息。《证券法》第六十七条第二款所列重大事件属于内幕信息。《证券法》第六十七条第二款第（二）项规定，公司的重大投资行为和重大的购置财产的决定为前款所称重大事件。本案中，"任子行进行并购重组的事项"，属于公司的重大投资行为，在其未公开之前，中国证监会据此认定属于《证券法》第六十七条第二款第（二）项的内幕信息，合法有据。

其二，关于中国证监会对本案内幕信息敏感期认定是否合法的问题。

内幕信息敏感期是指内幕信息自形成至公开的期间。《证券法》第六十七条第二款所列"重大事件"的发生时间，以及重大投资行为的"计划""方案"形成时间，应当认定为内幕信息的形成之时。影响内幕信息形成的动议、筹划、决策或者执行人员，其动议、筹划、决策或者执行初始时间，应当认定为内幕信息的形成之时。内幕信息的公开，是指内幕信息在国务院证券、期货监督管理机构指定的报刊、网站等媒体披露。

本案中，2013 年下半年任子行公司董事长景晓军开始考虑并购以推动公司发展，并委托相关机构和人员寻找并购标的。2014 年 1 月 15 日，景晓军等人到天拓立方与该公司管理层进行沟通，了解公司经营情况。同年 5 月 15 日，任子行向深圳证券交易所申请临时停牌；9 月 2 日，任子行发布公告称拟通过现金及非公开发行股份相结合方式购买唐人数码 100% 股权，并于当天复牌。中国证监会据此认定 2014 年 1 月 15 日至 2014 年 5 月 15 日为内幕信息敏感期，并无不当。

其三，关于中国证监会认定张某 1 知悉内幕信息并进行内幕交易事实依据是否充分的问题。

《证券法》第七十三条规定，禁止证券交易内幕信息的知情人和非法获取内幕信息的人利用内幕信息从事证券交易活动。按照最高人民法院《关于审理证券行政处罚案件证据若干问题的座谈会纪要》第一部分"关于证券行政处罚案件的举证问题"和第五部分"关于内幕交易行为的认定问题"的意见，人民法院在审理证券内幕交易行政处罚案件时，应当考虑到该类案件违法行为的特殊性，由监管机构承担主要违法事实证明责任，通过推定的方式适当向原告转移部分特定事实的证明责任。如果在内幕信息敏感期内，原告与内幕信息知情人员联络、接触，其证券交易活动与内幕信息的形成、变化以及与内幕信息知情人员联络、接触时间高度吻合，构成相关交易行为明显异常，需要原告作出合理说明或者提供证据排除其存在利用内幕信息从事相关交易活动；如果原告对该明显异常的交易活动不能作出合理说明，或者不能提供证据排除其存在利用内幕信息从事相关交易活动的，可以认定监管机构认定的内幕交易行为成立。

本案中，张某1提出中国证监会并无证据证明其实际获得了内幕信息，且中国证监会调取的短信通信记录并无短信的内容，其是通过对网络行业发展前景的发展与判断而进行股票交易决策，因而并不构成知悉内幕信息并进行交易的主张，对此二审法院认为，虽然并无直接证据证明张某1实际获取了内幕信息的内容，但参照最高人民法院《关于审理证券行政处罚案件证据若干问题的座谈会纪要》的前述规定，在内幕信息敏感期内，只要张某1与内幕信息知情人员联络、接触，且其证券交易活动与内幕信息知情人员联络、接触时间高度吻合，就属于交易行为明显异常的情形，需要张某1作出合理说明或者提供证据排除其存在利用内幕信息从事交易活动，在此过程中并不要求中国证监会必须证明张某1与内幕信息知情人员联络、接触的具体内容，相反，如果张某1不能证明自己与景晓军的联络、接触与内幕信息无关，则将对张某 1 作出不利的认定。本案中，张某 1 进行账户交易的时点与内幕信息形成过程及张某 1、景晓军通信时间高度吻合，交易金额明显放大，买入态度坚决，买卖证券行为明显与账户平时交易习惯相背离，交易特征明显异常。在此情况下，张某 1 既未提供证明其与景晓军联络、接触的内容可以排除内幕信息的证据，其关于通过对网络行业发展前景的发展与判断而进行股票交易决策的申辩理由，又不构成合理说明。因此，被诉处罚决定认定张某 1 构成内幕交易，并无不当。

其四，关于中国证监会对本案违法所得认定是否合法的问题。

根据《证券法》第二百零二条的规定，证券交易内幕信息的知情人或者非法获取内幕信息的人，在涉及证券的发行、交易或者其他对证券的价格有重大影响的信息公开前，买卖该证券，或者泄露该信息，或者建议他人买卖该证券的，责令依法处理非法持有的证券，没收违法所得，并处以违法所得一倍以上五倍以下的罚款；没有违法所得或者违法所得不足三万元的，处以三万元以上六十万元以下的罚款。这里的违法所得，是指通过内幕交易行为所获利益或者避免的损失。

本案中，中国证监会根据深圳证券交易所提供的交易数据，按照相应的股票交易盈利金额计算方式，据此计算出张某 1 从事内幕交易的违法所得，一审判决认为该认定并无不当，法院经审查予以认可，具体分析和理由不再赘述。张某 1 基于内幕信息及内幕信息敏感期认定争议以及认为未将股票账户正常状态下的获利因素予以考虑而主张违法所得计算错误，由于前面已述及被诉处罚决定关于内幕信息以及内幕信息敏感期的认定并无不当，且计算违法所得需要考虑股票账户正常状态下获利因素的主张缺乏法律依据，因此对张某 1 的该项主张，二审法院不予支持。

其五，关于中国证监会作出行政处罚程序是否合法正当的问题。

《行政处罚法》第三十一条规定，行政机关在作出行政处罚决定之前，应当告知当事人作出行政处罚决定的事实、理由及依据，并告知当事人依法享有的权利。根据该法第四十二条第（六）项的规定，行政机关作出责令停产停业、吊销许可证或者执照、较大数额罚款等行政处罚决定之前，应当告知当事人有要求举行听证的权利；当事人要求听证的，行政机关应当组织听证，并在举行听证时，调查人员提出当事人违法的事实、证据和行政处罚建议，由当事人进行申辩和质证。

本案中，中国证监会在对张某1作出行政处罚决定前，向张某1送达了《行政处罚事先告知书》，载明认定当事人违法的基本事实和拟作出的行政处罚，并告知当事人有要求举行听证的权利。在张某1申请举行听证的情况下，中国证监会举行了听证会，听取了张某1的陈述和申辩。但是，在听证程序中，关于张某1手机通信记录证据的举证和质证环节，中国证监会调查人员本应公开出示其在行政程序中收集的张某1手机通信记录的电子数据光盘，接受张某1一方的质证，却未在张某1的代理人提出疑问的情况下出示并播放该电子数据光盘，亦未询问张某1是否需要通过观看该光盘内容来进行有针对性的质证，只在听证会结束后安排张某1的代理人查阅手机通信记录电子数据的纸质打印件，在听证会举证质证程序上构成违法。此外，中国证监会未在法定举证期限内向法院提交涉及张某1通信记录的电子数据光盘以备法庭质证和认证使用，亦构成对法定举证义务的违反。

考虑到中国证监会调查人员在调取电子数据光盘证据时，得到了张某1本人的确认，听证会结束后张某1的代理人实际查阅了该手机通信录的纸质打印件，且该通信录与景晓军的询问笔录相互印证，张某1本人并不否认其与景晓军通信联络的事实，又无证据推翻中国证监会从其手机中下载通信记录的真实性，因此，二审法院认定中国证监会在听证程序中的违法属于轻微违法情形，并不足以推翻中国证监会关于张某1从事内幕交易的认定，亦未对张某1的实体权益造成实际影响。《中华人民共和国行政诉讼法》第七十四条第一款第（二）项规定，行政行为程序轻微违法，但对原告权利不产生实际影响的，人民法院判决确认违法，但不撤销行政行为。据此，二审法院依法不撤销被诉处罚决定，但需要依法确认被诉处罚决定违法。一审判决认为被诉处罚决定程序并无不当错误，二审法院应予纠正。中国证监会在二审庭审陈述中认为由于办公经费紧张无法在听证程序中播放电子数据光盘并据此主张不构成程序违法的主张，明显不能成立，二审法院予支持。

此外，《中华人民共和国行政诉讼法》第七十九条规定，复议机关与作出原行政行为的行政机关为共同被告的案件，人民法院应当对复议决定和原行政行为一并作出裁判。最高人民法院《关于适用〈中华人民共和国行政诉讼法〉若干问题的解释》第九条规定，复议机关决定维持原行政行为的，人民法院应当在审查原行政行为合法性的同时，一并审查复议程序的合法性。作出原行政行为的行政机关和复议机关对原行政行为合法性共同承担举证责任，可以由其中一个机关实施举证行为。复议机关对复议程序的合法性承担举证责任。这就是说，对于复议维持的案件，人民法院重点对原行政行为的合法性进行审查，只对复议程序的合法性进行审查，原行政行为合法性的举证责任可以由原行政机关和复议机关共同承担，复议程序的合法性由复议机关承担举证责任，但对于国务院部门或法律法规授权行使公共管理职能的国务院直属事业单位来说，在其本身既是原行政行为的作出机关，又是复议机关的情况下，需要其既对原行政行为的合法性承担举证责任，又要对复议程序的合法性承担举证责任。而且，考虑到原行政行为与复议维持决定之间的结论附随关系，只要人民法院经审查确认原行政行为不合法的，复议决定本身不论程序合法与否，都应当受到法律的否定性评价，确认为不合法；如果原行政行为经审查合法，不可据此直接认定维持原行政行为的复议决定合法，还要对复议程序的合法性进行独立审查和判断。本案中，经法院审查，被诉处罚决定存在程序违法的情形，依法应当判决确认违法，因而维持该处罚决定的复议决定亦应当确认违法。而且，在本案二审程序中，张某1对复议程序合法性提出质疑，中国证监会在有义务证明自身复议程序合法性的情况下，表示对本案复议程序履行情况并不清楚，经法院释明仍未就复议程序合法性问题进行陈述，应视为对主张复议程序合法性权利和机会的放弃，法院亦应当据此确认复议程序违法。综上，不论从复议决定对原行政行为的合法性审查角度，还是从复议程序自身合法性审查角度看，法院认为均应在确认被诉处罚决定违法的同时，一并确认被诉复议决定违法。

4. 判决结果

撤销北京市第一中级人民法院行政判决；确认中国证券监督管理委员会作出的〔2016〕8号行政处罚决定违法；确认中国证券监督管理委员会作出的〔2016〕36号行政复议决定违法。

（二）苏某与中国证券监督管理委员会金融行政处罚、行政复议上诉案[(2018)京行终445号]

2016年，证监会因一起内幕交易案对私募基金经理苏嘉鸿作出"没一罚一"的处罚，合计罚款高达1.3亿元。但是，在经历两年的行政复议和法院诉讼后，这起行政处罚决定被法院正式撤销。2018 年 7 月 17 日，北京市高级人民法院依法公开宣判，苏嘉鸿诉证监会对其作出的行政处罚和行政复议决定上诉案，以事实不清、程序违法为由终审判决撤销证监会行政处罚决定和行政复议决定，一并撤销此前驳回苏嘉鸿诉讼请求的一审判决。

1. 基本案情

苏嘉鸿是私募机构上海佳亨投资发展有限公司董事长。其掌管的上海佳亨投资发展有限公司于 2009 年初成立，目前旗下控股的上海通晟资产和天津民晟资产资产管理规模大概在 100 亿元。根据证监会的公开信息，自 2013 年初起，威华股份时任董事长、控股股东李某华开始筹划威华股份重组。2013 年 2 月 23 日，殷卫国与李某华商议向威华股份注入铜箔、覆铜板制造和销售业务等 IT 资产，并于当天与长江证券承销保荐有限公司（以下简称"长江证券"）负责人等开会对该资产重组事项进行了筹划。

在重组事项刚刚进入筹划后不久，苏嘉鸿便控制使用"浦江之星 12 号""马某强""朱某海"账户在 2013 年 3 月 11 日至 4 月 12 日期间持续买入威华股份股票，均在 4 月 16 日之前卖出。证监会认为交易时点与威华股份筹划资产重组的形成过程较为吻合。

4 月 16 日，威华股份公告称公司控股股东、实际控制人正在筹划涉及公司的重大事项，公司股票停牌。5 月 9 日，威华股份发布筹划重大资产重组的停牌公告。11 月 4 日，威华股份正式披露收购赣州稀土资产的重大资产重组报告书等文件，并于当日复牌。

经证监会查证，苏嘉鸿和殷卫国相识，在 2013 年 2 月至 4 月期间有过 45 次通话记录和 71 次短信联系。

在证监会 2016 年 4 月下达行政处罚决定书后，苏嘉鸿申请复议请求撤销《行政处罚决定书》对其作出的行政处罚。证监会在 2017 年 8 月反馈的《行政复议决定书》中,坚持认为威华股份筹划资产重组的信息属于内幕信息,不晚于 2013 年 2 月 23 日,威华股份管理层已经实质启动资产重组的筹划工作。无论该资产重组事项的具体方案是注入 IT 资产业务,还是向赣州稀土让壳,根据《证券法》第七十五条的规定,均构成内幕信息。

苏嘉鸿随后起诉证监会,但一审法院判决证监会胜诉。苏嘉鸿依旧不服,继续上诉。

2. 争议焦点

涉案事项是否为内幕信息;证监会认定殷卫国为内幕信息知情人是否事实清楚;证监会认定苏某构成内幕交易是否正确;被诉处罚决定对违法所得认定是否正确;本案涉及的行政程序和一审程序合法性问题。

3. 法院观点

第一个争议焦点为涉案事项是否为内幕信息问题。法院认为,不论是 IT 资产注入及收购铜矿方案还是让壳方案,均为内幕信息没有异议。此次审理的第二个方面证券行政调查的规则和要求中,主要问题聚焦在"内幕知情人"殷卫国上。

法院认为,殷卫国系证监会认定的内幕信息知情人,在认定苏嘉鸿内幕交易中起着关键的"连接点"作用,依法应当纳入调查范围,证监会在开展调查的方式、程序和手段上存在一定的裁量空间,但在是否对殷卫国进行调查了解的问题上不存在裁量的空间,因此对证监会的该项主张,法院不予采纳。

法院主张,证监会既然认定殷卫国为内幕信息知情人,就应该穷尽调查手段进行调查。除了相关会议记录以及其他相关人员的证人证言外,还必须向殷卫国本人进行调查询问。但是,尽管证监会寻找了殷卫国的相关场所,但只是殷卫国可能从业的单位，并不是确定的实际可以通知到殷卫国的地址。另外，在案证据显示，证监会联系殷卫国的方式也并不全面，电话联络中遗漏掉了"1392091×××9"号码，且遗漏掉的该号码恰恰是苏嘉鸿接受询问时强调的殷卫国联系方式，也是证监会调查人员重点询问的殷卫国联系方式，更是证监会认定苏嘉鸿与殷卫国存在数十次电话和短信联络的手机号码。据此，法院确认证监会在认定殷卫国为内幕信息知情人时未尽到全面、客观、公正的法定调查义务，证监会认定殷卫国为内幕信息知情人事实不清、证据不足。

此外，值得一提的是，此案是否为内幕交易推定的适用条件和标准。而内幕交易推定的适用条件和标准中，证监会出具的《行政处罚决定书》和《行政复议决定书》中存在认定不同，其中《行政处罚决定书》中称，交易时点与威华股份筹划资产重组的形成过程高度吻合。而《行政复议决定书》中则改为"较为吻合"。

目前殷卫国是否是内幕信息知情人未确定，法院认为，证监会处罚决定中的"高度吻合"已为证监会复议决定中的"较为吻合"所修正，且该修正与在案证据显示的内幕信息形成发展和相关交易活动进行的案件事实基本一致，据此可以认定，证监会处罚决定据此推定苏嘉鸿存在内幕交易的基础事实没有达到"高度吻合"的证明标准。

此外，对于苏嘉鸿与殷卫国的通信记录，法院指出，证监会以"涉密"为由不予保障苏嘉鸿在行政程序中的质证权利，也构成对苏嘉鸿合法享有的陈述申辩权利的侵害，一审法院审理程序也存在同样问题，一并指出并纠正。

4. 判决结果

撤销一审判决，撤销被诉（证监会）处罚决定和被诉复议决定。

（三）杨利与中国证券监督管理委员会行政诉讼案[(2018)京01行初73号]

1. 基本案情

2015 年 7 月 21 日，被告中国证监会以工作需要为由对原告杨利作出调查通知书，并进行询问。被告于 2016 年 3 月 4 日向原告送达处罚字〔2016〕25 号行政处罚事先告知书。同年 3 月 24 日，被告向原告送达听证通知书。3 月 28 日，原告提供书面陈述申辩意见并提出延期听证申请。4 月 7 日，被告举行听证会。4 月 10 日，原告补充申辩意见。2017 年 2 月 6 日，原告查阅案卷。同年 1 月 17 日，被告向原告送达第二次听证通知书。2 月 10 日，被告举行第二次听证会。厦门金英马影视传媒股份有限公司（以下简称"金英马"）及原告等提出如下陈述申辩意见：①调查部门未出具正式的立案调查通知书，未就调查目的和事项予以说明，没有对担保信息是否已经如实提供进行调查核实。在调查过程中，调查人员将滕站、侯某电脑内有关数据删除，损害当事人合法权益；②在重组过程中，金英马、滕站等多次将借款合同、有关担保的股东大会文件资料提供给苏州禾盛新型材料股份有限公司（以下简称"禾盛新材"）及中介机构，已完成了信息披露义务，不存在故意隐瞒或者遗漏重要信息的情形，且提供了"2013 年 11 月 20 日侯某会议纪要""2014 年 2 月 23 日文件交接单""刘某的情况说明"等予以证明。原告、侯某也提出从未出具过任何有关金英马没有对外担保的声明或承诺；③金英马为滕站提供担保不具有法律效力，该信息不属于应当披露的信息。在当事人已经提供借款协议的情况下，禾盛新材及中介机构或者是基于专业判断认为担保无须披露，或者是遗漏该信息，应当由禾盛新材及中介机构承担相应责任，不应当由当事人承担；④禾盛新材公告的重组预案中未包括涉案担保信息，但并未因此使禾盛新材自身及其投资人遭受实质性损失，没有造成实质性损害结果，希望免除或者减轻处罚。

　　针对原告等的陈述申辩意见，被诉处罚决定得出以下结论。①调查过程中，调查人员已经出具调查通知书，经过听证和补充调查，已经在程序上保证当事人在知晓其应承担的法律责任和法律风险的情况下作出陈述，保证其相关的合法权利。②关于原告、侯某提出从未出具任何有关全英马对外担保的声明或承诺，经复核，滕站、原告、侯某均在上市公司及中介机构的《确认函》《管理层声明书》《承诺函》等相关文件上签字，确认金英马不存在对外担保或保证提供的文件真实、准确、完整，保证不存在虚假记载、误导性陈述或重大遗漏，故对其申辩不予采信。③当事人提供的证据不足以证明其已将借款及担保的信息提供给上市公司和中介机构。一是侯某提供的"2013年11月20日侯某会议纪要"是其个人活页记录，页面记载不连续、记载内容与其询问笔录、滕站访谈笔录及《重大事项进程备忘录》记载的内容均不符。二是关于滕站称"2014年2月23日文件交接单"证明当日将相关文件交给华林证券张黎，经复核，其一，该证据是滕站单方提供，张黎对该证据及签名不予认可；其二，根据滕站及张黎当日的行程单、住宿记录等客观证据，当日二人不在同一城市，无法完成交接；其三，文件交接单所列内容与相关协议内容矛盾。因此，该证据不足以证明滕站将涉案借款及担保事项告知张黎。三是证人刘某是滕站的财务顾问，与滕站存在利益关系，其出具的说明和陈述没有相关客观证据佐证，不予采信。四是当事人称滕站与上市公司第一次会谈时还有袁姓副总在场，经核实与事实不符。④金英马等提出的禾盛新材公告的重组预案中未包括担保信息，未使禾盛新材自身及其投资人遭受实质性损失的理由不足以免除或减轻其行政责任。

2017 年 6 月 27 日，被告作出被诉处罚决定。6 月 29 日，原告签收。11 月 27 日，原告不服被诉处罚决定针对自己的内容，诉至法院。

2. 争议焦点

本案的焦点问题为：原告是否为《证券法》第一百九十三条第一款规定的"其他信息披露义务人"；被诉处罚决定认定金英马未向禾盛新材及中介机构提供涉案借款及担保事项是否正确；被诉处罚决定对原告责任认定是否正确及行政程序是否合法。

3. 法院观点

其一，原告属于《证券法》第一百九十三条第一款规定的"其他信息披露义务人"。

将交易对方纳入"其他信息披露义务人"具有规范依据，亦符合《证券法》的立法目的。《上市公司重大资产重组管理办法》（2016 年修订）第四条明确规定，"上市公司实施重大资产重组，有关各方必须及时、公平地披露或者提供信息，保证所披露或者提供信息的真实、准确、完整，不得有虚假记载、误导性陈述或者重大遗漏"，上述规定中所指的"有关各方"显然至少应当包含交易对方。对此，2008 年《关于规范上市公司重大资产重组若干问题的规定》第一条第三款亦有进一步明确的规定。

上述规章及规范性文件将交易对方明确纳入《证券法》第一百九十三条所规定的"其他信息披露义务人"的范围符合《证券法》的立法目的。交易对方作为上市公司重大资产重组活动中的一方参与者，其身份与职责决定了其能够掌握大量影响交易的信息尤其是与标的公司有关的信息，准确、完整、及时地披露有关信息是决定交易成功的关键因素，是保护投资者利益的基本要求，同时也是《证券法》第三条公开、公平、公正原则的要求。

本案中，原告是被收购公司金英马的股东，是上市公司禾盛新材重组预案的交易对方，属于《证券法》第一百九十三条第一款规定的"其他信息披露义务人"范畴。关于原告认为披露信息与提供信息不同，交易对方仅是信息提供人的主张，2011年《上市公司重大资产重组管理办法》第四条已经明确规定了相关各方的信息披露义务，披露信息与提供信息在法律责任方面并无实质差别，对于原告的上述主张，不予支持。至于原告认为被告官方微博对信息披露义务人的解释中并不包含交易对方，2014年《上市公司重大资产重组管理办法》才明确规定交易对方的披露义务等主张，因基于2011年《上市公司重大资产重组管理办法》第四条的规定已经可以认定交易对方属于"其他信息披露义务人"，故原告的上述主张均不能成立。

其二，被诉处罚决定认定金英马未向禾盛新材及中介机构提供涉案借款及担保事项并无不当。

原告于审理过程中提供了相关证据用以证明金英马已将涉案借款及担保事项提供给上市公司及中介机构，上述证据在证明涉案借款及担保事项尤其是涉案担保事项有关文件由金英马交接给中介机构这一关键事实上，或为中介机构所否认，或证明力不强，或与有关人员在接受调查时所作陈述相矛盾，并不能形成证据链。相比而言，被告调查过程中所形成的证据，相互之间能够印证，可以形成证据链。对原告有关本焦点问题事实方面的异议，被告在行政程序中也基本进行了完整的分析认定，其认定意见并无不当。鉴于此，被告根据其认定的事实，认定金英马未向禾盛新材及中介机构提供涉案借款及担保事项并无不当。

其三，被诉处罚决定对原告的责任认定不清、程序违法。

本案中，金英马与原告个人均为与禾盛新材交易的交易对方，金英马及原告均为信息披露义务人，而原告又是金英马的副董事长。因此本案中原告既可能承担金英马副董事长的管理人员责任，也可能承担其个人作为信息义务披露人的责任，但被诉处罚决定并未明确认定原告所承担的责任内容，构成认定事实不清。一方面，被诉处罚决定认定，"在禾盛新材披露重组预案前，金英马、滕站、杨利、侯某未向禾盛新材提供金英马为滕站个人上述借款提供担保信息，并多次提供或承诺虚假信息，致使禾盛新材重组预案信息披露存在虚假记载"，上述认定将金英马与原告责任并列，显然是在原告个人作为"其他信息披露义务人"的层面上作出的认定，而对原告作出的处罚幅度，又与《证券法》第一百九十三条第一款规定的"其他信息披露义务人"的责任幅度明显不相符。另一方面，被诉处罚决定对原告作为金英马的副董事长是否应当为金英马的信息披露违法行为承担相应的管理人员责任并未明确认定，对于原告的处罚幅度又处于管理人员责任的幅度范围。由此可见，被诉处罚决定对于原告所应当承担的责任内容未能予以明确，构成主要事实不清及适用法律错误。

与之相对应，被告在行政处罚事先告知书中同样未明确原告在本案中所应承担的具体责任，且在后续的听证及复核阶段对此问题亦未予以明确，上述问题可能导致原告在行政程序中无法针对自己可能承担的法律责任有针对性地陈述申辩，上述情形构成程序违法，且对原告的程序性权利可能造成实质性损害。

综上所述，被诉处罚决定存在程序违法及认定事实不清等问题，依法应予撤销。

4. 裁判结果

撤销被告中国证券监督管理委员会于 2017 年 6 月 27 日作出的〔2017〕71 号行政处罚决定中针对原告杨利的行政处罚。

四　相关法条

《行政处罚法》第三十一条、《中华人民共和国行政诉讼法》及最高人民法院《关于适用〈中华人民共和国行政诉讼法〉的解释》、最高人民法院《关于审理证券行政处罚案件证据若干问题的座谈会纪要》（法〔2011〕225号）、《最高人民法院关于对与证券交易所监管职能相关的诉讼案件管辖与受理问题的规定》。

五　风险提示与实务要点

（一）起诉阶段

作出具体行政行为的行政机关是行政诉讼案件被告。

对于经过复议的案件，维持原具体行政行为的，原行政机关是被告；复议机关改变原具体行政行为的，复议机关是被告。复议不是行政诉讼的必经阶段。

（二）审理阶段

人民法院审理行政案件，以法律和行政法规、地方性法规为依据，并参照规章。地方性法规适用于本行政区域内发生的行政案件。

在诉讼过程中，被告（证券监管机构）及其诉讼代理人不得自行向原告、第三人和证人收集证据。

抗辩要点主要体现在四个方面。

第一，存在依法应当从轻或者减轻处罚的情形：如涉嫌操作市场案件中，如果主动消除或者减轻操纵行为危害后果的，或受他人胁迫有操纵行为的，可以作为从轻、减轻处罚的依据；如果配合行政机关调查且有立功表现的，也可以依法从轻或者减轻处罚。[①]

[①]　依据为《行政处罚法》第二十七条。

第二，调查程序违法或存在瑕疵：重实体轻程序的思想造成执法人员容易轻视程序的合法合规性要求，如通知时限上并没有严格遵守提前5个工作日以书面形式告知检查对象的要求；发现问题，拟对检查对象采取措施时未事先告知认定事实及理由并听取检查对象的陈述和申辩；检查事项处理完毕后发现认定事实的证据材料存在遗漏进行补正等。

第三，作出处罚的事实不清、证据不足，或证据存在瑕疵：重点关注证据是否满足《最高人民法院关于行政诉讼证据若干问题的规定》的相关要求。在前述苏某与中国证券监督管理委员会金融行政处罚、行政复议上诉案〔〔2018〕京行终445号〕中，法院即认定"证监会在认定殷卫国为内幕信息知情人时未尽到全面、客观、公正的法定调查义务，证监会认定殷卫国为内幕信息知情人事实不清、证据不足"。如果监管机构提供的证据存在瑕疵，法院将会对该瑕疵证据不予采信，也会导致监管机构败诉。如直接采纳检查对象所提供的书面盖章材料，而未进行第三方验证的真实性核实；直接将谈话类笔录的执法人员、谈话人员的姓名进行电子打印而未进行本人亲自签名或盖章；只收集检查对象提供的电子数据材料，并未要求其提供数据材料的制作方法、制作时间、制作人和证明对象等辅助材料等。

第四，适用法律错误：在杨利与中国证券监督管理委员会其他一审行政判决书〔〔2018〕京01行初73号〕中，法院即认为监管机构未区分清楚原告是作为"其他信息披露义务人"承担责任，还是作为金英马的副董事长承担相应的管理人员责任，从而存在法律适用错误问题。

（三）再审阶段

人民法院应当再审的情况：不予立案或者驳回起诉确有错误的；有新的证据，足以推翻原判决的；原判决认定事实的主要依据不足、未经质证或者系伪造的；原判决适用法律、法规确有错误的；违反法律规定的诉讼程序，可能影响公正审判的；原判决遗漏诉讼请求的；据以作出原判决、裁定的法律文书被撤销或者变更的；审判人员在审理案件时有贪污受贿、徇私舞弊、枉法裁判行为的。

图书在版编目（CIP）数据

证券市场行政监管与风险防范/康达资本市场争议
解决研究中心编著 . -- 北京：社会科学文献出版社，
2021.7
　（康达文库）
　ISBN 978 - 7 - 5201 - 8599 - 8

　Ⅰ.①证… 　Ⅱ.①康… 　Ⅲ.①证券市场 - 市场监管 -
研究 - 中国 ②证券市场 - 风险管理 - 研究 - 中国 　Ⅳ.
①F832.51

　中国版本图书馆 CIP 数据核字（2021）第 124971 号

·康达文库·
证券市场行政监管与风险防范

编　　著／康达资本市场争议解决研究中心

出　版　人／王利民
组稿编辑／周　丽
责任编辑／王玉山　张丽丽
文稿编辑／陈丽丽

出　　版／社会科学文献出版社·城市和绿色发展分社（010）59367143
　　　　　地址：北京市北三环中路甲 29 号院华龙大厦　邮编：100029
　　　　　网址：www.ssap.com.cn
发　　行／市场营销中心（010）59367081　59367083
印　　装／三河市东方印刷有限公司

规　　格／开　本：787mm × 1092mm　1/16
　　　　　印　张：15　字　数：199 千字
版　　次／2021 年 7 月第 1 版　2021 年 7 月第 1 次印刷
书　　号／ISBN 978 - 7 - 5201 - 8599 - 8
定　　价／128.00 元